D1722350

MARC EGGER

MARC EGGER

mit Texten von Fritz Billeter und Andrea Zurek

Benteli

Kulturförderung Kanton Glarus

SWISSLOS | Lotteriefonds Kanton Glarus

Alfred Richterich Stiftung

Umschlagabbildung: **Fragment,** 2007, phosphoreszierendes Acryl auf Leinwand,
130 x 162 cm, Kat. Nr. 1609
Frontispiz: Marc Egger in seiner Ausstellung im Museum Bickel Walenstadt, 2009

Lektorat: Benteli Verlag, Sulgen
Gestaltung: Arturo Andreani, Bern
Fotolithografie und Druck: Heer Druck AG, Sulgen
Buchbinder: Schumacher AG, Schmitten

ISBN 978-3-7165-1574-7

Benteli Verlags AG
Bern – Sulgen – Zürich
www.benteli.ch

Von dieser Monografie erscheint eine nummerierte
Vorzugsausgabe in einer Auflage von zwölf Exemplaren.
Sie enthält ein Original des Künstlers
(phosphoreszierendes Acryl auf Papier, 23 x 28 cm).
Nähere Auskünfte dazu beim Benteli Verlag.

Inhalt

Fritz Billeter

Marc Egger – Doppelbürger im Weltall und auf Erden

Einige biografische Splitter

Es ist nicht beabsichtigt, eine ausführliche Biografie von Marc Egger vorzulegen; man wird sie bei Andrea Zurek nachlesen können. Mehr als ein paar Hinweise und Erinnerungssplitter sind hier nicht vorgesehen.

Ich erkannte ihn auf dem Bahnhof von Walenstadt[1] sofort – nach gut dreissig Jahren: die gebändigte Haarmähne, ehemals rotblond, jetzt eisgrau, die angenehm-unauffälligen Gesichtszüge, die noch immer geschmeidigen Bewegungen – und vor allem sein Schweigen, begleitet von einem abwartend-wohlwollenden Lächeln.

Obwohl Egger väterlicherseits von Bauern abstammt, hat dieses Schweigen nichts mit bäuerlicher Wortkargheit zu tun. Er ist nicht unkommunikativ, er ruht einfach in sich. Es gibt bedeutende Künstler, die das Bedürfnis hatten (oder haben), über ihre Kunst zu reden, sie theoretisch zu begründen. Egger hält es eher mit Picasso: «Jede Unterhaltung mit dem Piloten ist verboten.» Das heisst, sie ist bei ihm nicht eigentlich verboten, aber sie scheint ihm wohl ziemlich überflüssig. Anderseits pflegt er eine rege, aber anders gelagerte Kommunikation mit namhaften Kollegen: Seit 1959 erwirbt er von ihnen Werke, nicht nur so im Vorbeigehen oder aus spontaner Sympathie, sondern ähnlich beharrlich wie ein Sammler. An die sechzig Werke hat er dem Kunstmuseum Glarus als dauernde Deposita überlassen, die immer wieder ganz oder teilweise ausgestellt werden.[2]

Vermutlich 1963 lernte Marc Egger auf der Überfahrt von New York über Tanger nach Spanien einen Amerikaner, einen Picasso-Fan, kennen, der ihm erzählte, er wisse von einem Dorf, Horta de San Juan in der spanischen Provinz Tarragona, in der es alte, zum Teil verlassene Häuser sagenhaft billig zu kaufen gäbe. Picasso habe hier 1909 entscheidende Monate verbracht. In der Tat hat dieser wiederholt betont, er habe in Horta ein paar Dinge fürs Leben gelernt: ein Feuer zu entfachen, einen Esel zu reiten und – den Kubismus.

Egger, im Gestalten von architektonischen Räumen und Inneneinrichtungen geschickt, war von der Kunde wie elektrisiert; aber erst 1972 vermochte er zusammen mit dem ebenfalls aus der Schweiz stammenden Sandro Bocola, seinerseits Maler und Kunsttheoretiker, seinen Traum in Horta zu verwirklichen. Die beiden «Siedlungspioniere» zogen weitere Freunde nach sich, meistens Künstler oder Leute mit kreativen Berufen, und auch sie fanden in der Gegend Häuser für ihren Zweitsitz.[3] Für Marc Egger und seine Familie sicherte das Pendeln zwischen New York, der kulturell anregenden Weltmetropole, im Winter und Horta mit seiner ländlich-wasserreichen, dramatisch gefügten Umgebung im Sommer für lange Zeit einen regelmässigen Lebensrhythmus.

1 Ich traf Egger anlässlich seiner Retrospektive im Museum Bickel in Walenstadt (6. März – 10. Mai 2009).
2 Die wichtigsten Künstler der Sammlung nennt Andrea Zurek in ihrem Beitrag auf S. 62.
3 Siehe Zurek S. 74.

Er war viel auf Reisen – aber nicht aus Passion für das Reisen selbst. Ihn trieb auch nicht jenes mythische Schweizer Fernweh einhergehend mit Heimweh, der «Maladie suisse», obwohl seine im doppelten Wortsinn *enge* Heimat – das Dorf Mühlehorn am Walensee, wo er geboren wurde, und die jeden Weitblick versperrende Voralpenkette der Churfirsten am gegenüberliegenden Ufer – dergleichen hätte vermuten lassen. Es zog Egger vielmehr an diejenigen Orte, wo das Entstehen des künstlerisch Neuen zu erleben war. Eine glückliche Intuition[4] führte den wenig über Zwanzigjährigen zum ersten Mal nach New York (und später immer wieder), wo er beobachtend, bewundernd in den Ateliers von Franz Kline, Mark Rothko und Barnett Newman ein- und ausging.

Eggers Voraussicht war umso erstaunlicher, wenn man bedenkt, dass zu der Zeit fast alle grösseren Kunstmuseen der Schweiz, aber auch ihre Künstler weiterhin auf Paris starrten, wo für sie stets noch das Mekka der modernen Kunst lag.[5] Erst als 1964 an der Biennale von Venedig dem amerikanischen Pop-Künstler Robert Rauschenberg der grosse Preis für Malerei verliehen wurde, zerbrach Europas trügerisches Selbstbewusstsein.

Pop-Art, heraldisch-ironisch

1962 fiel Marc Egger im Fotomagazin «Magnum» das Werbebild eines Jaguars auf, das ihm als Anstoss für ein Ölbild diente. Die Darstellung weiterer prestigeträchtiger Automarken wie Buick, Mercedes, Lincoln Continental, aber auch von einigen Linien-Flugzeugen sollte folgen. Derart markierte Egger nach zwar vielversprechenden, aber tastenden Anfängen erstmals eine entschiedene Position innerhalb der Gegenwartsmalerei: Er leistete einen Beitrag zu dem vor wenigen Jahren im anglo-amerikanischen Bereich aufgekommenen neuen Realismus, der sich unter der Bezeichnung Pop-Art durchgesetzt hatte und der im Begriff stand, Strömungen wie Informel, Action Painting oder Colour-Field-Malerei in den Hintergrund zu schieben.

Dieser Realismus lieferte nicht einfach wie herkömmlich möglichst getreue Abbilder der Natur; er wandte sich vielmehr unserer Zivilisationswirklichkeit zu, insbesondere unserer Fabrikate und Produkte; auch den Menschen zeigte er verdinglicht als Ware. Diese Wirklichkeit wurde *mediatisiert* dargestellt, das heisst so, wie sie einem durch Vermittlung von Werbung, Zeitung und Zeitschrift, von Foto, Film, Television und Video entgegentritt. Wir erinnern uns: Marc Egger hat nicht ein Auto der Marke Jaguar direkt abgemalt, sondern er übernahm für seine Bildgestaltung dessen Werbe-Image.

Die Schweiz bot für diese ausgesprochen kaltschnäuzig-grossstädtische Kunst keine günstigen Voraussetzungen; der Pop-Realismus ist hier ein blosses,

4 Völlig vom Himmel kam diese Intuition nicht. Zurek erwähnt eine Ausstellung amerikanischer Gegenwartskunst im Kunstmuseum St. Gallen.

5 Die grosse Ausnahme war der Museumsmann Arnold Rüdlinger (1919–1967). Er zeigte als erster in Europa bereits 1958 amerikanisches Action Painting in der Kunsthalle Basel.

wenn auch reizvolles Randphänomen geblieben[6] – auch Egger wandte sich nach wenigen Jahren wieder von ihr ab. Erstaunlich aber ist, dass er seine Pop-Malerei ohne die gewohnte «helvetische Datumsverzögerung»[7] hervorgebracht hat, das heisst, er hat sich in diese künstlerische Strömung schon zu einer Zeit eingeklinkt, als sie selbst noch in ihren Ursprungsländern England und den USA umstritten war.

Die Pop-Art schockierte den europäischen Kontinent, weil sie entgegen einer langen Tradition jede Idealisierungs- und Sublimierungsmöglichkeit verwarf; der Kritiker Max Kozloff beispielsweise beschimpfte ihre Vertreter als «Kaugummikauer», «Backfische» und «Straftäter».

Die Entsublimierungstendenz der Pop-Art, ihre «Frechheit» und Unverfrorenheit wurde gern als «gimmick» und «gimmickly» bezeichnet. Die Vokabel ist schillernd – wie übrigens die Bezeichnung Pop-Art selbst;[8] sie ist etwa mit «Trick» und «Dreh», mit «werbewirksamem Witz» zu übersetzen, was ungefähr jenem «frechen, unbekümmerten Lächeln der Pop-Art» entspricht, wie es der französische Kunstkritiker José Pierre dieser bescheinigt hat.

Marc Eggers Bilder von Automarken und Flugzeugtypen wird man aber niemals als «gimmickly» empfinden. Hebt man, um es paradox zu sagen, deren «trockene Poesie» hervor, meint man gleichzeitig, dass Egger derart eine europäische Ausprägung des Pop zustande gebracht hat. Dieses Poetische äussert sich schon darin, dass die Formränder seiner Gegenstandsmotive nicht wie bei der anglo-amerikanischen Pop-Art scharf durchgezogen sind, sondern eine gewisse malerische Freiheit, ein kontrolliertes Zögern und Ausfasern des Pinselstriches aufweisen.

Er hat seine Autos streng im Profil und streng horizontal, selten als einzelnes, sondern zu zweien und dreien übereinander gestapelt, in die meist hochrechteckige Gestaltungsfläche gestellt. Sie sind jedes Mal gleichgerichtet und können auf einem Gebilde stehen, das ein Podest suggeriert. Mit ihrem Kalkweiss, an dem nur sparsame, andersfarbige Akzente (zum Beispiel Türgriffe, Schlusslichter, Pneus und Räder) hervortreten, heben sie sich von einem dunkelblauen oder dunkelrosafarbenen Feld ab, aber so, dass vollkommene Flächigkeit gewahrt ist.

Die Flugzeug-Darstellungen weisen dieselbe makellose Flächigkeit auf. Auch sie liegen streng horizontal, zum Teil übereinander in meist einfarbigen Flächen. Flugzeug wie Auto scheinen völlig unbeweglich, obwohl ihre aerodynamische Form deutlich herausgearbeitet ist. Diese muss nicht die hohe Gebrauchstauglichkeit ihres Gegenstandes sichtbar machen (das entspräche dem Bauhaus-Ideal), sondern verkörpert eine leere Schönheit. Auch Eggers

[6] Als einziger schweizerischer Pop-Art-Künstler reinen Wassers ist der 1937 geborene Peter Stämpfli zu nennen. Die Pop-Art-Beiträge der Aargauer Künstler Max Matter, Markus Müller, Christian Rothacher entstanden erst Ende der Sechzigerjahre; Urs Lüthi und Markus Rätz haben in den Sechzigerjahren so etwas wie eine abstrakte Pop-Art geschaffen. Im Sommer 2006 gelang dem Kunstmuseum Thun eine umfassende Retrospektive der Swiss Pop-Art.

[7] Der Begriff stammt von Heini Widmer (1927–1984), dem Leiter des Aargauer Kunsthauses Aarau.

[8] Die häufigste Begriffserklärung: Pop-Art sei von der Verkürzung von «popular», volkstümlich, abgeleitet. Aber auch die Herkunft von «to pop», knallen, explodieren, springen (z.B. ins Gesicht springen), ist denkbar.

starke Stilisierung und Typisierung tragen dazu bei, dass seine Autos und Flugzeuge wie Ausstellungsobjekte und Schmuckstücke wirken. Sie sind Luxus-
ware, auch der letzte Rest von gebastelter Pionierhaftigkeit, wie sie an diesen
Vehikeln in ihrer Frühzeit sichtbar waren, ist ihnen ausgetrieben. Sie erinnern
dagegen an heraldische Zeichen und diese Heraldik signalisiert eine Gesellschaft, die in ihre Gadgets verliebt ist. Diese Kritik hat Marc Egger sehr diskret
angebracht; sie äussert sich als verhaltene Ironie.

Die Geburt des Luminismus

Das Jahr 1967 brachte Marc Egger einen entscheidenden künstlerischen
Umschwung, der sich, wie Andrea Zurek in diesem Buch berichtet, an einer
Anekdote festmachen lässt. Auf einer Schiffsreise bekommt er Einblick in eine
Radarstation. Die zwei georteten Schiffe, die auf dem Radarschirm als lanzett-
ähnliche, an beiden Enden zugespitzte Formen erscheinen, begeistern ihn so,
dass er sie in ein Bild umsetzt – sein erstes luministisches Werk.
Egger brachte in Erfahrung, dass die durch elektronische Wellen erzeugten
optischen Symbole auf dem Radarschirm dank dessen Beschichtung mit Phosphorpigmenten fest gehalten werden. Das macht er sich für seine Kunst zu
Nutze; künftig wird er seine Werke mit Phosphorfarben malen, die er mit dem
(farblosen) Bindemittel Acryl auf den Bildträger bringt. Von solchen Werken
geht im verdunkelten Raum eine faszinierende Leuchtkraft aus. Mit dem Luminismus hält Egger innerhalb der postmodernen Malerei eine ihm ganz eigene
Domäne besetzt.[9]
Nur auf den ersten Blick wird man seine Entwicklung zum Luminismus als
plötzlichen, radikalen Trennschnitt von seiner Pop-Phase empfinden. In Wahr-
heit besteht insofern mit dieser ein Zusammenhang, als der Anstoss zu seiner
neuen Gestaltungsweise ebenfalls anhand eines mediatisierten Wirklichkeits-
ausschnitts erfolgt ist.
Man mag ferner einwenden, ein blosses neues Verfahren – in diesem Fall das
Malen mit Phosphorpigmenten – reiche noch lange nicht für die Begründung
eines unverwechselbaren, persönlichen Stils aus. Der Einwand ist ernst zu nehmen; gleichzeitig sei aber darauf hingewiesen, dass die Wahl eines bestimmten Darstellungsmittels, eines bestimmten Werkstoffes, das Endresultat – das
vollendete Werk also – durchaus prädestiniert. Ob etwa ein Plastiker, um geläu-
fige Beispiele aus der Tradition zu nehmen, mit dem widerständigen Granit, mit
dem nachgiebigeren Marmor oder etwa mit Stahl zu arbeiten gewillt ist, oder
ob er seine in Gips ausgeführte Figur in Bronze gegossen haben möchte – derartige Vorentscheidungen bestimmen ohne Zweifel Gestalt und Ausdruck des

[9] Zurek nennt auch die amerikanischen
Luministen Anders Knutsson und Tom
Bacher; Letzterer wird von einer belgischen
Galerie in Brüssel vertreten.

zu verwirklichenden Werkes mit. Welche gewichtigen Konsequenzen Egger aus dem Entschluss erwachsen sind, künftig mit Phosphorfarben zu malen, soll später breiter ausgeführt werden.

Nicht «konkret», sondern «konsequent abstrakt»

Ich bezeichne Eggers luministische Kompositionen als Beispiele einer «konsequenten Abstraktion». Da die Kunstkritik bis heute die Begriffe abstrakt/konkret ziemlich wahllos und schlecht definiert verwendet, scheint mir eine kurze begriffliche Erklärung nützlich. Dabei folge ich Richtlinien, wie sie Max Bill entworfen hat.[10] Erstmals 1936 hat Bill klar formuliert: «konkrete gestaltung ist jene gestaltung, welche aus ihren eigenen mitteln und gesetzen entsteht, ohne diese aus äusseren naturerscheinungen ableiten oder entlehnen zu müssen. die optische gestaltung beruht somit auf farbe, form, raum, licht, bewegung.» In einem weiteren Abschnitt seiner Definition vergleicht Bill hilfreich die konkrete Kunst mit der Musik, insbesondere mit der bachschen Fuge: «diese beruht nicht auf naturnachbildung, sondern ist die rein geistige schöpfung des themas, welche durch phantasievolle, plan- und gesetzmässige bearbeitung verwandelt und gesteigert wird (...).»

1944 ergänzte er diese Definition, indem er der konkreten Gestaltung die abstrakte Kunst gegenüber stellte. Er hielt zunächst fest, dass schlichtweg jede Kunst von der darzustellenden Wirklichkeit zu abstrahieren gezwungen sei, indem sie darauf hinziele, «das wesentliche vom unwesentlichen zu trennen.» Aber: «als abstrakte kunst bezeichnen wir jene kunst, die aus dem abstraktionsvorgang entstanden ist und worin naturgegenstände in irgend einer form noch existieren. der grad der abstraktion kann so weit gehen, bis sich die grenze zur konkreten kunst beinahe verwischt und die begriffe ineinander überzufliessen beginnen.»

Daran schliesst Bill ein einleuchtendes Beispiel: «auf einer weissen leinwand befindet sich ein roter akzent. dieser kann auf zwei arten entstanden sein: erstens kann es ein sonnenaufgang im nebel sein und ist somit als abstraktion anzusehen. oder es kann, zweitens, ein roter akzent sein, der einzig durch sein verhältnis zur fläche eine künstlerische realität ausdrückt. in diesem zweiten fall handelt es sich um die konkretion eines abstrakten gedankens, also um konkrete kunst.»

Eggers Luminismus liegen Eindrücke der äusseren Wirklichkeit zugrunde: Landschaftliches, Impressionen von New York, von Zug- und Busfahrten, von Festen und Tänzen und immer wieder vom gestirnten Himmel. Derartige Motive werden von ihm im gestalterischen Prozess oft so weitgehend umgesetzt,

[10] Siehe «Konkrete Kunst, Manifeste und Künstlertexte», hrsg. von Margit Staber, Haus Konstruktiv, Zürich, 2001, S. 29, 49.

dass sie als solche im Bild kaum wiederzuerkennen sind. Der französische Kunsthistoriker und Kunsttheoretiker René Huyghe nannte diesen Vorgang der Übersetzung treffend «digestion du motif réaliste par des moyens plastiques»,[11] sinngemäss übertragen «Aufzehrung des Wirklichkeitsmotivs durch gestalterische Mittel». Demnach und im Blick auf die Definitionsvorschläge von Max Bill ist Marc Eggers Luminismus der abstrakten Kunst zuzuordnen. Da aber, wie Bill festgehalten hat, sich die Grenzen der konkreten zur abstrakten Kunst verwischen können, wenn nämlich die Operation des Abstrahierens zum Äussersten getrieben wird. Und da bei Egger der Umsetzungsprozess der Motive aus der erfahrbaren, äusseren Wirklichkeit in der Tat sehr weit geht, sich demnach Huyghes Digestion vollzieht, spreche ich bei Egger von «konsequenter Abstraktion».

Daylight und Nightlight

In jedem luministischen Werk von Marc Egger, sei es nun ein Bild oder eine Plastik, steckt kaum übertrieben ein zweites Bild, eine zweite Plastik. Es kommt darauf an, ob man ein Werk bei Tag beziehungsweise bei Kunstlicht oder aber im verdunkelten Raum betrachtet; nur im Letzteren kann sich der leuchtende, durch die Phosphorpigmente erzeugte Farbcharakter entfalten. Der Wandel von der Tagfarbe zur Nachtfarbe verändert den Ausdruck des Werks unter Umständen grundlegend, die Veränderung kann auch auf dessen Form und Raumstruktur übergreifen. Eine derartige Transformation, die zustande kommt, wenn vom Daylight-Aspekt zum Nightlight-Aspekt gewechselt worden ist, lässt sich nicht leicht in Worte fassen. Dennoch sei versucht, eine solche Verwandlung zu umschreiben am Beispiel von «Flagpole IV» (1991, Abb. S. 128).

Der Daylight-Aspekt zeigt eine Komposition, die als Landschaftsausschnitt identifiziert werden kann, wie er sich in der Umgebung von Horta darbietet: Einigermassen horizontal ziehen sich Wege durch gelbbraune Erde; es könnten mit diesem Liniengeflecht aber auch die Ränder der Äcker gemeint sein. Aus einem solchen gegen den unteren Bildrand gerückten «Weg» oder «Ackerrand» wachsen kugelige Gebilde, die als Baum- oder Buschgruppe gesehen werden können. Diese und die Wege beziehungsweise die Abgrenzungen der Äcker sind in blaugrauer Farbe gehalten. Die senkrechte Mittelachse des Bildes tritt als rotes Band in Erscheinung; es dürfte diesem seinen Titel («Flagpole» = Fahnenstange) verliehen haben.

Im Nightlight-Zustand hat sich alles verdunkelt, als ob die Landschaft in ein Gewitter gehüllt würde oder sich die Nacht herabgesenkt hätte, auch das rote Band auf der Mittelachse hat sich eingeschwärzt; parallel zum oberen Bildrand

11 Zit. nach Georges Mathieu, «Au delà du Tachisme», Juillard, Paris, 1963, S. 191.

Moonlight, 1986, Acryl auf Leinwand, 100 x 125 cm, Kat. Nr. 707

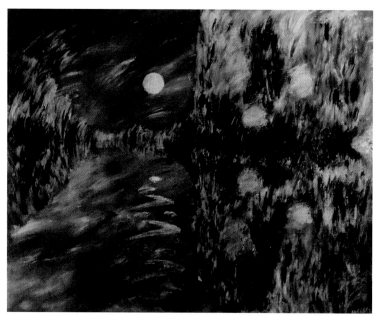 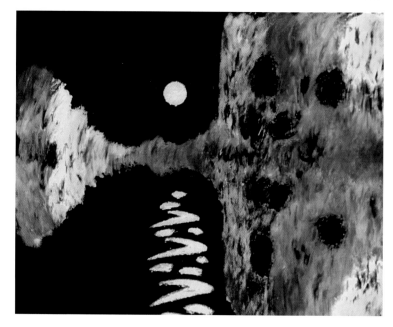

tritt nun plötzlich eine schmale, langgezogene Form hervor, gelblich und mit Rosaspuren versehen, ein Wolkengebilde, das in der Daylight-Phase nicht zu erkennen war.

Egger gelingt es, in seinen luministischen Werken die Zeit, eine für die bildende Kunst grundsätzlich schwer zugängliche Grösse, sichtbar zu machen – und zwar in zwei unterschiedlichen Dimensionen. Wird durch Veränderung der Lichtverhältnisse im Raum ein Bild oder eine Skulptur vom Daylight-Zustand in den Nightlight-Zustand versetzt, erlebt der Betrachter Zeit als Augenblick. Verweilt hingegen ein Betrachter vor einer Nightlight-Situation wird er eine allmähliche Veränderung der Phosphorfarben wahrnehmen. Rot beispielsweise mit der kürzesten Nachleuchtdauer muss immer mehr Grün weichen. Derart kann Zeit als ein Fliessendes erfahren werden.

Im Himmel wie auf Erden

Es gibt wenige Bilder oder Werktitel, die Ort und Stunde verraten, wo und wann der Künstler zu einem seiner abstrakten Werke angeregt worden ist. Ein Titel wie «Windows on the World» (1984, Abb. S. 112) bleibt vielsagend-poetisch; bei Andrea Zurek kann man jedoch nachlesen, dass Egger in diesem Werk den Blick aus dem Fenster des Restaurants im nördlichen Turm des World Trade Centers auf die Skyline von New York gestaltet hat. Erst wenn man das weiss, sind die Silhouetten der Wolkenkratzer, obwohl sie und das Bild als

Tageslicht

Nachtlicht

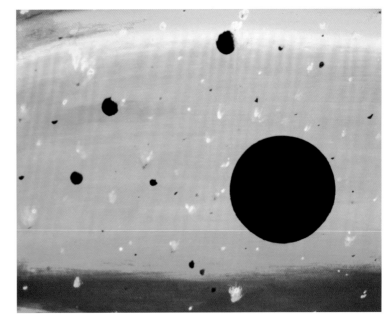

ganzes stark übersetzt sind, mit Sicherheit wiederzuerkennen. Andere Titel spielen auf Horta an und orten so die Bildkomposition; «Moonlight» (1986, Abb. S. 12) suggeriert ein im Licht unseres Erdtrabanten magisch aufgeladenes Waldstück. Andrea Zurek hat mir aber berichtet, dass Egger von der New Yorker Stadtlandschaft inspiriert war, von den Lichtreflexen, welche der Mond auf das Wasser des Big Pond im Central Park aussandte.

Der Künstler vertraute Andrea Zurek an, er wollte sich nach Beendigung der Werkserie «New Worlds» (1995, Abb. S. 13) nun vermehrt «Irdischerem, Erdhaftem» zuwenden; im Blick auf sein Gesamtschaffen vermag ich jedoch solche Perspektivenwechsel nicht nachzuvollziehen. Im Gegenteil, die Werkbeispiele sind zahlreich, vor denen nicht sicher zu entscheiden ist, ob sie eine «Landschaft» auf Erden oder eine des Universums zeigen. Die «Viaje Nocturno» (1991, Abb. S. 130 und 131) kann ebenso gut im Weltall stattgefunden haben; auch bei Werken wie «Luminous Landscape» (2002, Abb. S. 160), «New Horizons» (1996, Abb. S. 15), «Morning» (2000, Abb. S. 152) und «Triad» (2002, Abb. S. 156) vermag das Betrachterauge nicht zweifelsfrei zu sagen, ob es sich im «Hier» oder im «Dort», innerhalb irdisch-geografischer Gegebenheiten oder im Weltall aufhält. Beide sind für Egger gleich wunderbar, der Kosmos und unsere Erde als ein Teil von diesem.

Seine luministischen Bilder sind meistens *ortlos*. Ort und Raum lösen sich in ihrem Stimmungszauber auf. Sie entzünden Feuerwerke, lassen «Spaceflowers»

Spaceflowers, 1982, Acryl auf Leinwand, 38 x 45 cm, Kat. Nr. 558

Tageslicht

Nachtlicht

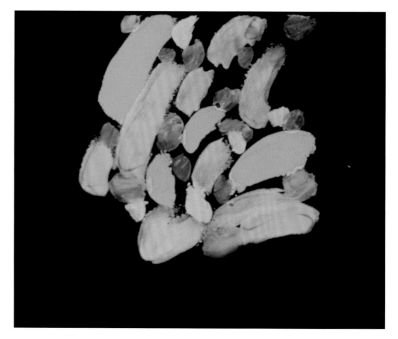

(1982, Abb. S. 14) erblühen, gasförmige Körper sich verstrahlen – das alles kann sich auf unserem Planeten wie im Weltall ereignen; ein vom «Diesseits» klar unterschiedenes «Jenseits» gibt es bei Egger nicht. Ein solches Verschleifen und Ineinanderfliessen der Sphären möchte ich als *romantisch* bezeichnen.

Kunst als kosmisches Fest

Die beiden Plastiken «Daidalos» (1983, Abb. S. 106) und «Ikaros» (1983, Abb. S. 108) sind aus Plexiglas-Elementen gebildet, die mit Drähten untereinander verbunden sind. Diese Elemente sind leicht getönt und mit Farbflecken übersät; sanft gekrümmt oder geschweift eignet ihnen etwas Flügelartiges.

In der griechischen Sage hat bekanntlich Daidalos, der geniale Handwerker, für sich selbst und seinen Sohn Ikaros Flügelpaare gefertigt, mit denen ihnen die Flucht aus der Gefangenschaft des kretischen Königs Minos gelingt. Wobei Ikaros die Warnung des Vaters missachtet; in herrlichem Übermut steigt er immer höher der Sonne entgegen, die das die Federn zusammenhaltende Wachs zum Schmelzen bringt, sodass der Jüngling zu Tode stürzt.

Marc Egger deutet das Furchtbare der Sage kaum an. Die Daidalos-Plastik hängt, leise bewegt, als Mobile an der Decke, die Ikaros-Plastik dagegen befindet sich – gleichsam nach dem Fall – unbeweglich auf dem Boden: die Plexiglas-Elemente sind statt eines eigentlichen Sockels in einem Holzstrunk ver-

Tageslicht   Nachtlicht

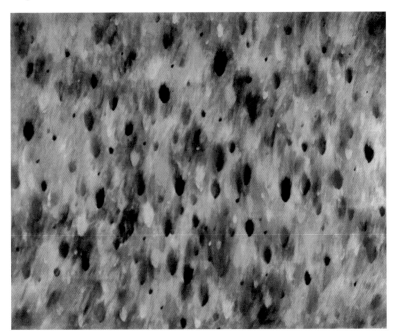 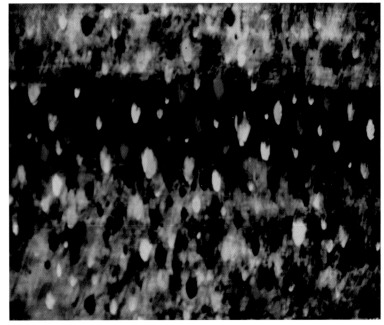

ankert. Weder wird Ikaros in seinem Todessturz noch etwa die abgründige Trauer des Vaters gezeigt; Marc Egger verfügt hier – wie oft – über leise Töne. Dass der Künstler starke emotionale Erschütterung gern vermeidet, wird modellhaft an «Disaster in the Skies» (1986, Abb. S. 45) sichtbar, ein Bild, das als Reaktion auf das bisher schwerste Unglück der amerikanischen Raumfahrt entstanden ist. Am 28. Januar 1986 brach der Spaceshuttle «Challenger» (=Herausforderer) kurz nach dem Start auf etwa 15 Kilometer Höhe auseinander; die siebenköpfige Besatzung fand dabei den Tod. Egger verfolgte das Ereignis am Fernsehen; in seinem Bild ist die Explosion in eine bunte Riesenblume umgewandelt; dass diesem eine Katastrophe zugrunde liegt, wird der Betrachter nicht nachvollziehen können – schon gar nicht am Daylight-Zustand des Bildes, während in der Nightlight-Version immerhin eine gewisse Bedrohung anklingt.

Katastrophe, Untergang, Apokalypse, Tragik[12] haben im künstlerischen Universum von Marc Egger keinen Platz. Mit seinen Farbformen veranstaltet er nächtliche Feuerwerke, rauschende Feste als kosmisch-irdisches Ereignis. Tod und Verderben scheinen gebannt. Statt einer jähen Katastrophe könnte man sich allerdings vorstellen, dass sich diese Verschwendung einmal erschöpft; dass das von Egger veranstaltete kosmische Fest in einer Art Wärmetod sanft und schmerzlos erlischt.

12 Die Begriffe «Apokalypse» und «Tragik» werden im heutigen Sprachgebrauch verfälscht verwendet. Dazu nur so viel: Apokalypse meint nicht einfach den Weltuntergang, sondern die Wiederkehr Christi, die zwar den Untergang der alten Ordnung bewirkt, aber gleichzeitig das Reich Gottes errichtet. Tragisch wird heute im Sinn von erschütternd, tief traurig gebraucht; ursprünglich war aber damit ein Widerspruch gemeint, an dem ein Mensch zugrunde geht.

Marc Egger – Leben und Werk

Andrea Zurek

Marc Egger – Leben und Werk

Auf den ersten Blick erwartet den Besucher eine herkömmliche Ausstellungs-
präsentation: Aufmerksam geht er von Bild zu Bild, lässt sich lenken von der
Dramaturgie der Ausstellung. Doch dann findet das anscheinend bekannte
Ausstellungsszenario ein abruptes Ende: Ein für den Betrachter überraschen-
der Lichtausfall verändert die Szenerie. In der Dunkelheit leuchten Farben auf.
Sie umgeben den Besucher, fordern ihn heraus, sich auf ein völlig neues ästhe-
tisches Erleben und Betrachten einzulassen. Unvermittelt befindet er sich in
einer zweiten Ausstellung, die es zu entdecken gilt, in einem für die Dunkelheit
inszenierten Farbenspiel. Begeistert sind die Reaktionen.
Viele Besucher der Ausstellungen des Malers und Plastikers Marc Egger in
Europa und Amerika haben diese Präsentation seiner Bilder in unterschiedlichen Lichtverhältnissen mit Erstaunen und Faszination erlebt.

Marc Egger malt seit 1967 mit phosphoreszierenden Farbpigmenten. Diese Pigmente haben die Eigenschaft, Licht zu absorbieren und in der Dunkelheit als
optische Farbe auszusenden. Er ist weltweit einer der wenigen Künstler, die
sich konsequent mit der phosphoreszierenden Farbmaterie, ihren künstlerischen und innovativen Aussagemöglichkeiten befassen und auf der «Luministischen Kunst» ihr Lebenswerk aufbauen.
Zwei weitere Künstler, mit denen Marc Egger seit 1980 befreundet ist, arbeiten
ebenfalls mit phosphoreszierenden Pigmenten: der Amerikaner Tom Bacher
aus Cincinnati und der in New York lebende Schwede Anders Knutsson. Tom
Bacher und Marc Egger haben unabhängig voneinander die experimentieren-
de Arbeitsweise mit der neuen Farbmaterie entdeckt und stehen im ständigen
Austausch über die technischen Möglichkeiten, die beispielsweise neu entwickelte Pigmente für ihre Arbeit bieten.

Eggers vielschichtiges Werk umfasst derzeitig über 1700 Bilder und etwa dreissig grosse Skulpturen. Sein variationsreiches künstlerisches Spektrum als
Maler und Plastiker reicht von gegenständlichen Arbeiten in der Studienzeit
über Bilder mit abstrahierenden, manchmal surrealen Anklängen. Als die Pop-
Art in Europa noch kaum bekannt war, malte er schon in einem der Pop-Art
ähnlichen Stil. Doch im Zentrum steht seine originäre Bild- und Themenspra-
che, die «Luministische Malerei», die er kontinuierlich weiterentwickelte.
Sein Werk entfaltet sich nur scheinbar in Sprüngen. Wenn man es im Gesamten betrachtet, sieht man, dass es von einer inneren Konsequenz durchzogen
ist. Seiner Experimentierfreude bot und bietet die von ihm entwickelte Mal-
technik ein weites Feld an Möglichkeiten. So arbeitete er an Skulpturen mit

minimalem Formcharakter und führte der Farbfeldmalerei verwandte Farbuntersuchungen durch. Er malte gegenstandsfrei, gestisch betont, auch mit literarischen Anklängen und dann wieder mehr kontrolliert geometrisch. Im Spätwerk wendet er sich verstärkt kosmischen Themen zu.

Egger nahm wie ein Seismograph künstlerische Strömungen auf, schloss sich aber nie einer Gruppierung an. Als Zeitzeuge und kritischer Beobachter verfolgte und beurteilte er die wichtigsten Tendenzen der neueren Kunst in New York: Abstrakter Expressionismus, Informelle Malerei, Pop-Art, Fluxus, Minimal Art, Arte Povera, Konzeptuelle Kunst, Fotorealismus, Postmoderne und Transavantgarde und die jeweiligen Überschneidungen.
Er schätzt das Werk der Abstrakten Expressionisten, gleichzeitig empfindet er die Minimal Art und ihre Gewichtung auf klare, strenge Form als Gegengewicht zur Trivialkunst der Pop-Art und der Emotionalität des Abstrakten Expressionismus als bedeutenden Beitrag in der Kunst. Die Konzeptionelle Kunst bedeutet Egger nur da etwas, wo sie noch sinnlich erlebbar ist, zum Beispiel in den klaren Arbeiten Lawrence Weiners mit ihren subtilen literarischen Elementen. Die Sensibilität gegenüber Naturmaterialien und Werkstoffen der Künstler der Arte Povera inspirierten ihn und steigerten sein Wahrnehmungsempfinden.

Als Künstler wie als Sammler will Egger höchste künstlerische Qualität als unverzichtbaren Wert, aber die Qualität soll nicht elitär ausschliessend sein. Er versucht, seinem Werk eine allgemeine Verständlichkeit und Gültigkeit zu geben und wünscht sich eine heute oft als unmodern empfundene Form der Kommunikation zwischen Künstler, Werk und Betrachter.
Eggers Werk ist in seiner Rezeption bildungsunabhängig. Menschen, die kaum Zugang zur Kunst haben, Museen oder Galerien selten betreten, kaum Kunstbücher ansehen oder lesen, erfreuen sich an Eggers Werk, finden es anregend und sprechen darüber, wenn es ihnen begegnet.
Egger überlässt es dem Betrachter, ob er sich nur an dem farblichen Wechselspiel erfreut oder ob er sich zu tieferem philosophischen Denken inspirieren lässt. Ein Erlebnis erfreute Egger besonders. Bei einer Ausstellungseröffnung im Museum von Calaceite, einem kleinen historischen Ort in Aragon, klatschten die Museumsbesucher spontan vor Überraschung und Freude beim ersten Erlöschen des Lichts angesichts der Licht- und Farberscheinungen in der Dunkelheit.

Egger lebt heute nach ausgedehnten Reisen und längeren Aufenthalten in vielen Hauptstädten Europas, in Spanien und New York. Er hat die Entwicklung der Modernen Kunst in New York und europäischen Kunstmetropolen miterlebt und diese durch die Bilder seiner Sammlung, von der sich heute ein Teil als Leihgabe im Kunsthaus Glarus befindet, dem kunstinteressierten Publikum der Schweiz nahegebracht.

Studium und Frühwerk / Einflüsse

Schon als Schüler begann Egger, sich mit dem Kopieren von Gemälden, Reproduktionen oder Abbildungen aus Kunstbüchern, die er im Elternhaus vorfand, im Zeichnen und Malen zu üben. Es war für ihn folgerichtig, sich nach der Schulausbildung einem Kunststudium zuzuwenden. Aus dem Jahr 1955 ist eine detailgenaue Bleistiftzeichnung nach einem Porträt Michelangelos erhalten.

Michelangelo Buonarotti, 1955,
Bleistift auf Papier, 25 x 17 cm

Während des Studiums der angewandten und freien Kunst an der Kunstgewerbeschule in Zürich, die unter der Leitung des damaligen Direktors Hans Fischli der Idee des Bauhauses verbunden war und ähnlich wie dieses geführt wurde, entwickelte sich zum Lehrer der Fotografieklasse, Serge Stauffer, eine besondere und freundschaftliche Verbindung. Durch Serge Stauffer inspiriert, der seinerzeit ein Buch über das Werk Marcel Duchamps schrieb, erwarb Marc Egger fundiertes Wissen über die wegweisenden, die Kunstrezeption revolutionierenden Ideen und Arbeiten von Duchamp.

Duchamp hatte mit wenigen, aber entscheidenden Handlungen den bis dahin gültigen, normativen Kunstbegriff in Frage gestellt. Er hatte aus der Industrieproduktion stammende Gebrauchsgegenstände, die «ready mades», ihren Funktionen entzogen und sie zu Kunstwerken erklärt: 1913 das Vorderrad eines Fahrrades, 1914 einen Flaschentrockner, 1917 ein Urinoir aus Porzellan, «Springbrunnen» oder «Fontaine» genannt. Mit diesem Skandal auslösenden Akt verunsicherte und empörte Duchamp das auf Sicherheit bedachte, beschränkte Denken des traditionellen Kunstpublikums. Er führte die vermeintlich absoluten und unantastbaren Vorstellungen vom Wert eines Kunstwerks und seiner Aura samt dem Akt der künstlerischen Schöpfung ad absurdum. Als Provokation gegen unreflektierte Kunstverherrlichung versah er das wohl bekannteste Kunstwerk, die Mona Lisa, mit einem Schnurrbart. Egger begeisterte sich für die avantgardistischen, gegen Kleinkrämergeist und Schubladendenken gerichteten Ideen Duchamps. Von Duchamp führte für ihn ein direkter Weg zur dadaistischen Kunst- und Gesellschaftsauffassung.

Egger, mit der Stadt- und Kulturgeschichte Zürichs vertraut, wusste um die Gründung der Anti-Kunstbewegung des Dadaismus 1916 in Zürich und ihre spätere internationale Ausweitung. Im Ersten Weltkrieg hatten sich europäische Emigranten, Pazifisten, Intellektuelle, Dichter und Künstler in die neutrale Schweiz abgesetzt und in Zürich ein Exil gefunden. Es entstand dort eine Art geistiges Inkubationsfeld.[1]

Egger las die dadaistischen Manifeste und besorgte sich Material, um den revolutionären Geist der Dadaisten nachzuvollziehen. Er fühlte sich inspiriert von den vielfältigen revolutionierenden Ideen und den als «Nichtkunst» gemeinten Kunstformen wie Collage, Montage oder Assemblage, die impulsgebend waren für viele weitere Künstlergenerationen.

Es waren den bürgerlichen Kunstgeschmack verhöhnende Darbietungen, entstanden aus der protestierenden Haltung und dem revoltierenden Denken der leidenschaftlichen Kriegsgegner. Dieser intellektuelle und anarchistische Aufstand gegen den rigiden Moralkodex der Vätergeneration, gegen eine in Normen erstarrte Gesellschaft artikulierte sich «antikünstlerisch» und veränderte radikal die Rezeption und Produktion von Kunst weltweit. Egger setzte sich intensiv mit den verschiedenen Arbeiten der jeweiligen Dadaisten auseinander.[2]

Im Nachvollzug der vielfältigen dadaistischen Geisteshaltungen fand der Student Nahrung für seine sich entwickelnde Weltanschauung. Die Gedanken und Taten der Dadaisten regten sein Bestreben an zur Unabhängigkeit, heraus aus der Enge der Schweizer Bürgerlichkeit.

Er fand sich auch gedanklich gespiegelt in den 1963 formulierten Inhalten des Buches «Unbehagen im Kleinstaat» des Zürchers Karl Schmid, die für die Generation junger Schweizer Intellektueller richtungweisend wurden.

Später, bei seinem dritten New York Aufenthalt, fand er in den Ideen und Taten der Fluxusbewegung einen Widerhall seiner Ideen der Studienzeit.

Neben dem künstlerischen Arbeiten las Egger die Werke der Philosophen Rousseau, Kant, Hegel und Marx und des anarchistischen Theoretikers Bakunin. Ebenso beschäftigte er sich mit der Philosophie der französischen Existenzialisten Jean-Paul Sartre und Albert Camus. Er vertiefte sein Geschichtswissen und studierte Kunsttheorien wie zum Beispiel Wassily Kandinskys «Punkt und Linie zur Fläche» und «Das Geistige in der Kunst», Paul Klees «Über die moderne Kunst» und «Das bildnerische Denken». Von Juan Gris las er «Les Possibilités de la Peinture» und er befasste sich mit den Theorien der Pointillis-

1 Hugo Ball und Emmy Hennings eröffneten am 5. Februar 1916 im Restaurant «Meierei» in der Spiegelgasse 1 das «Cabaret Voltaire». Die Rumänen Tristan Tzara und Marcel Janco, der Elsässer Hans Arp, die Deutschen Richard Huelsenbeck, Walter Serner, Walter Mehring, den Egger später im Café Odéon traf, gestalteten ein buntes Programm mit Lärmmusik, Trommelrhythmen auf Kochtöpfen und Simultangedichten. Der Aspekt der Simultaneität war sehr wichtig: Strassenlärm und Alltagsgeräusche wurden einbezogen. Dazu kamen Montagen aus Industrieprodukten und Haushaltsgeräten, deren Anordnung häufig durch Zufall entstand, der im Dadaismus eine bedeutende Rolle spielte als Entwertung der vom traditionellen Publikum so verehrten «Künstlerpersönlichkeit» und ihrer Produkte.

2 Dada in Berlin war politisch orientiert in der Gruppe um John Heartfield und George Grosz. In Köln arbeiteten Max Ernst, der «DadaMax», und Johannes Baargeld, in Hannover schuf der vielseitige Künstler, Collagist, Monteur und Dichter Kurt Schwitters sein persönliches Dada, «Merz» genannt. Pariser Dada wurde durch die Dichter André Breton, Louis Aragon, Paul Eluard und die Künstler Francis Picabia, Man Ray und Marcel Duchamp gestaltet und diente auch der Entwicklung des Surrealismus.

ten um Georges Seurat. Ihre Werke, Theorien und Gedanken beflügelten Eggers Geist und regten ihn zu bedeutenden Fragestellungen an, die auch einen kleinen, aber bedeutenden Teil der damaligen Jugend in Europa wie in Amerika bewegten.

Eggers malerisches Frühwerk

Eggers eigenständiges künstlerisches Arbeiten beginnt während der Studienzeit.

Er besuchte häufig das Kunsthaus Zürich, um die dort ausgestellten Werke der klassischen Moderne zu studieren. Besonders viel bedeutete ihm die Kunst Pablo Picassos. Die Bilder der Abstrakten, vertreten durch Piet Mondrian und Wassily Kandinsky, und die farbige, gegenstandsverzerrende Malerei der figürlichen Expressionisten regten ihn zur Reflektion über die formalen und inhaltlichen Möglichkeiten der modernen Malerei an. Die ihn ansprechende ekstatische Darstellungsweise Ernst Ludwig Kirchners erschien ihm besonders wertvoll. Aber auch die melancholischen Stimmungslandschaften des Norwegers Edward Munch mit ihrer empfindsamen, symbolischen Farbigkeit berührten ihn.

Die intensiven Betrachtungen gaben Impulse für Eggers individuell geprägte Landschaftsbilder. In dieser frühen Zeit seiner malerischen Entwicklung ging Egger von der ihn umgebenden Landschaft aus, liess sich durch genaue Beobachtung von ihr inspirieren, gab aber nicht den gewonnenen Eindruck abbildhaft wieder, sondern gestaltete eine eigenständige Komposition aus Linien, Formen und Farbflächen.

Erhalten aus dieser Zeit sind kleinformatige Landschaften auf Leinwand in einem abstrahierenden, dekorativen Stil.

Ahriman bezeichnet in der Religion Zara-
thustras und der persischen Mythologie eine
Figur des Bösen, der Macht der Finsternis.
Egger befasst sich seit Jugendzeiten mit Philosophie, alter Geschichte und Mythologien,
und so findet sich auch ein Niederschlag
seines Interesses in der Titelgebung seiner
Bilder. Der abstrahierend aufgefasste
skelettartige Tierkopf in surrealer, in Gelbtönen leuchtender Wüstenlandschaft lässt
Anklänge an magische Zeiten aufkommen.

Formale Studien führten zu
völlig gegenstandslosen, abstrakten
Bildern. Hier ist eines der
ersten abstrakten Bilder Eggers
zu sehen.
Jeweils nur in einer Farbe
gehaltene, unregelmässige Farb-
pläne bestimmen den Bild-
aufbau des Hochformats.
Trotz der flächigen Darstellung
gelingt Egger der Eindruck
der angestrebten Tiefenwirkung
durch die Überlagerung der
Flächen.
Im Frühwerk entfernte er sich
von seiner eher auf realistische
Gestaltung ausgerichteten
Schulung und fand zu seinem
eigenen Stil. Er erteilte der
gegenständlichen Darstellung
eine Absage zugunsten von
Abstrahierung, Geometrisierung
und flächenfüllend gemalten
Farbfeldern. Egger verfolgte
weiter seinen abstrakten
und manchmal surrealen
Darstellungsstil.

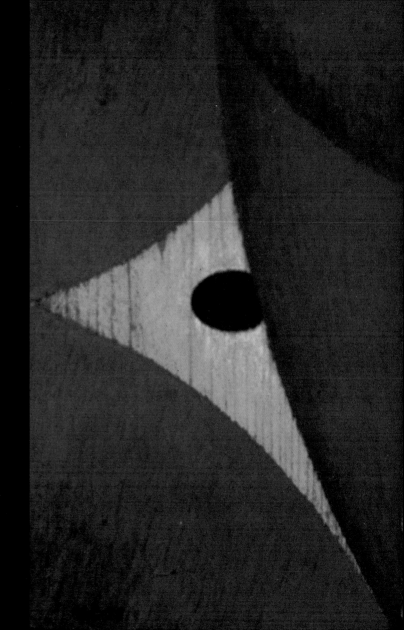

In dieser Phase malte er geometrische, an Maschinen-
teile erinnernde Formen, die dekorativ und spannungs-
reich in Ballung und Streuung komponiert auf der
Bildebene angeordnet sind. Sie erscheinen wie
eine systematische Flächenmusterung, sind aber nicht
so streng gefasst wie ein Ornament, sodass eine
Beziehung und Bewegung zwischen den Formen besteht,
eine Kommunikation.

In späteren Bildern lösten sich die kompakten, manchmal durch Einbuchtungen aufgelockerten Gebilde zu arabeskenhaften, die Bildfläche rhythmisch organisierenden Schwüngen auf. Als Beispiel ist hier eine an eine Landschaft anklingende, surreal traumhafte Bildkomposition zu sehen.

Einflüsse: Moderne amerikanische Malerei

Entscheidend für Eggers weiteren Entwicklungsweg als Künstler war der Besuch der Ausstellung «Moderne amerikanische Malerei» im Kunstmuseum von St. Gallen am Ende der Studienzeit. Hier sah er zum ersten Mal Bilder der so unterschiedlich malenden Künstler, die heute unter dem Gruppennamen «Abstrakte Expressionisten» zusammengefasst werden, im Original.

Besonders in Erinnerung sind Egger die Bilder Franz Klines, dessen spontan-gestische, vitale Malerei in Schwarz und Weiss ihn fesselte. Ein bisher unbekanntes, aufregendes Bild- und Seherleben vermittelte ihm die monumentale, strenge und gleichzeitig grosszügige Farbfeldmalerei von Barnett Newman. Die starke Ausdruckskraft der an die unendlichen Weiten der amerikanischen Landschaft erinnernden Bilder Clifford Stills und die stillen, subtilen Farbräume Mark Rothkos erweiterten sein bis dahin an der klassischen Moderne orientiertes Malereiverständnis.[3]

Marc Eggers Pop-Art: Autos, Flugzeuge, Schiffe

Die Entdeckung der Werbeseite für den «E-Type Jaguar» in dem Fotomagazin «Magnum» gab Egger 1962 die Anregung für seine Bildserie der Autos. Er fand dieses Werbebild für den Zeitgeist viel relevanter als die Reproduktionen im Kunstteil der Zeitschrift.

Egger, der sich schon immer für Technik und Mobilität interessiert hatte, war fasziniert von dem Bild der stromlinienförmigen, Schnelligkeit versprechenden Erscheinung des eleganten Jaguars. Gleichzeitig machte er sich lustig über den Autofetischismus der Konsumgesellschaft, wie man an der Titelgebung «A Dream of Sportsmanlike Driving» (Abb. S. 30) erkennen kann.

Er vereinfachte geringfügig die Form und malte sie in der deutlichen Seitenansicht auf einem flächig gemalten farbigen Grund ohne jegliche Raumillusion. Das hier abgebildete Bild ist eines der ersten Bilder der Serie «Autos».

In den folgenden zwei Jahren stellte er Autotypen dar, die ihn wegen ihrer prägnanten Form ansprachen: Buick, Lincoln, Thunderbird, Citroën und Mercedes. Die stattlichen Limousinen werden immer in der klaren Profilansicht gezeigt und mit einer gemalten Linie umrissen, um ihre Gestalt stärker hervorzuheben. Der gleichmässig gemalte farbige Untergrund lenkt nicht von der Form ab, sondern betont sie. Zugunsten der Objektdarstellung verzichtet Egger auf eine individuelle Pinselschrift, um nicht durch einen zu bewegt gemalten Grund vom Motiv abzulenken.

Egger malte seine stets einzeln dargestellten Autos auf eine Art rechteckigen Block oder Sockel. Sie wirken wie auf ein Podest gestellt; zu einem Denkmal

3 Die Bilder dieser Ausstellung in St. Gallen wurden von Arnold Rüdlinger für die Nationalversicherung gekauft, von der sie als Jubiläumsgeschenk an das Basler Kunstmuseum übergeben wurden und jetzt dort gesehen werden können.

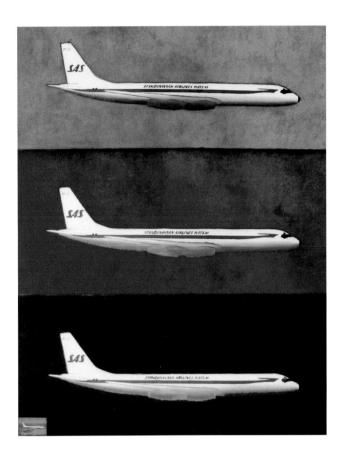

erhoben, werden sie zu einer Imago, einem Fetisch, erscheinen wie glorifiziert. Marc Egger variierte sein Thema: In einem strengen, meist vertikal organisierten Bildaufbau wiederholt sich der jeweilige Autotyp zwei- oder dreimal übereinander, auf jeweils unterschiedlich farbigen Untergrund gemalt. In der isolierenden Autodarstellung und in ihrer Wiederholung auf demselben Bildträger wird die Aussage konzentriert und überdeutlich. Die oft sehr grossen, hochformatigen Leinwände können in ihrer senkrechten Ausrichtung sakral wie Ikonen oder Kultbilder anmuten. Die Aufladung mit Bedeutung scheint die Warenwelt, die Konsumgüter zu Fetischen erhebt, vorsichtig zu ironisieren.
Das Motiv «Auto» wird erweitert durch Darstellungen von Schiffen und Flugzeugtypen der Gesellschaften wie BEA, BOAC, SAS und PAN AM.

In der Wahl dieser Themen kündigte sich bereits Eggers Interesse für Bewegung, Energie und Möglichkeiten zur Veränderung an. Egger ist in seiner Motivwahl der Auto- und Flugzeugserien und ihrer zum Teil sehr grossformati-

gen Darstellung der entstehenden, neuen Kunst der Pop-Art verwandt, deren Anfänge er bei seinem zweiten New York Aufenthalt 1963 sehen konnte.

In der reflektierenden Auseinandersetzung mit der Pop-Art und als aufmerksamer Beobachter der Gesellschaft kritisiert er zugleich den manipulierenden Einfluss der Werbung und der Massenmedien. Er ironisiert die nicht hinterfragte Verherrlichung des Konsums.

In einer seiner ersten grösseren Einzelausstellungen wurden diese Bilder 1970 in der «Städtischen Galerie Kornhaus» (Baden, CH) gezeigt.

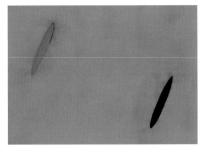

Radar, 1967,
phosphoreszierendes Acryl auf Plastik,
50 x 70 cm

Entdeckung der phosphoreszierenden Pigmente

1967 hatte im Werk Eggers eine entscheidende Neuerung stattgefunden. Auf der Rückreise per Schiff von einem Kurzaufenthalt in New York nach Tanger entdeckte er bei einem Besuch auf der Kommandobrücke des Frachtschiffes auf dem Radarschirm das Erscheinungsbild zweier Schiffe.

Egger, der nach den Serien der Autos und Flugzeuge auch Schiffe als moderne Fortbewegungsmittel malte, ihre Form aber im Vergleich zu den Ansichten von Autos und Flugzeugen als zu wenig aussagekräftig empfand, war begeistert von dem Radarbild, in dem die Schiffe als längliche farbige Formen in einer weiten gerasterten Fläche erschienen. Er setzte diesen Eindruck malerisch um, und es entstand eine neue Bildserie von abstrakten Kompositionen. Es ging ihm nicht mehr um das Abbild wie in der Auto- und Flugzeugserie, sondern um die Umsetzung des Gegenstands in ein übersetztes Bild.

Egger, der schon immer an digitaler Technik interessiert war, beschäftigte sich weiter mit der Wirkweise des Radars und stiess auf den Einsatz von phosphoreszierenden Pigmenten, die in der Natur organisch und anorganisch vorkommen. Die Farbpigmente haben die Eigenschaft, Licht zu speichern und es als optische Farbe wiederzugeben.

Beim Ortungssystem Radar werden elektromagnetische Wellen ausgesendet, die von den gesuchten Gegenständen reflektiert werden und dann auf dem Radarschirm erscheinen. Zur Festhaltung des Bildes eines georteten Objektes ist der Radarschirm mit phosphoreszierenden Pigmenten beschichtet. Egger begann, mit den nachleuchtenden Pigmenten in der Bildgestaltung zu experimentieren. Schnell hatte er die Möglichkeiten erkannt, die ihm dieses Material eröffnete.

1967 malte Egger das erste Mal mit phosphoreszierenden Pigmenten, die er mit Acryl als Bindemittel mischte. Das auf dem Radarbild gesehene Erscheinungsbild zweier Schiffe ist das erste Bild, in dem Egger die neue Farbmaterie anwendet.

Er traf mit dem Bild «Radar» (Abb. S. 31) die künstlerische Grundsatzentscheidung, sich auf die malerischen Möglichkeiten der phosphoreszierenden Farbpigmente einzulassen. Seitdem experimentiert und arbeitet er bis heute mit dieser noch wenig im künstlerischen Bereich gebrauchten Farbmaterie und ihren Ausdrucksmöglichkeiten.

Egger malt in einem Bild sowohl mit diesen optisch wirksamen phosphoreszierenden Pigmenten wie auch mit herkömmlichen Acrylfarben. In dieser Kombination entstehen luministische Bilder mit oft verblüffenden Ergebnissen: Bilder, die sowohl bei Tages- oder Kunstlicht auf traditionelle Art zu betrachten sind, als auch in der Dunkelheit als Farb- oder Lichtereignis durch das Nachleuchten der phosphoreszierenden Farbmaterie.

So verbinden sich zwei eigenständige Bilder – das Tag- und das Nachtbild – zu einem einzigen Werk.

Eggers Denken und Arbeiten zielen auf diesen dialektischen Wechsel zweier Bilder: Die Tagbilder antworten oder widersprechen den Nachtbildern, sie können sich ähnlich sein oder zu völlig anderen Bildaussagen kommen.

Egger weiss im komplexen Malvorgang, wie die jeweilige Farbe im Dunklen durch die Wirksamkeit der phosphoreszierenden Pigmente erscheint. Die Pigmente haben eine unterschiedliche Nachleuchtdauer: Rot hat die kürzeste und Grün die längste Leuchtzeit.

Er konzipiert schon im Malvorgang das jeweilige Antwort- oder Gegenbild, schon im Tagbild das Nachtbild, bleibt aber offen für spontan Entstehendes und Zufälle.

Durch die jahrelange maltechnische Erfahrung mit den phosphoreszierenden Pigmenten und ihren Wirkmöglichkeiten kann Marc Egger gezielt Akzente setzen, Effekte einbauen und sie spielerisch konzentriert weiterverarbeiten. Mitunter wird Egger von erstaunten, wissbegierigen Betrachtern, die wissen wollen, wie seine Malerei funktioniere, gefragt: «Malen Sie eigentlich auch im Dunklen?»

Am Anfang standen Egger nur zwei Farben, Grün und Rot, zur Verfügung. Später erweiterte sich die Palette um Blau und Gelb, wodurch die Ausmischung der gesamten Irisreihe ermöglicht wurde. Durch die stärkere Leuchtkraft der in Japan entwickelten Luminova-Farben wurden Egger nochmals weitere Ausdrucksmöglichkeiten geboten. Pigmente mit mehr Leuchtkraft können das Erlebnis der Luminosität noch steigern. Die Lichterlebnisse und das dadurch veränderte Raumgefühl werden noch intensiver. Die sehr aktive Farbe, die in derartiger Konzentration in der Natur kaum vorkommt, appelliert an das Auge des Betrachters, stellt Ansprüche. Farbe wird als rein optische Sensation erfahrbar.

Egger will keine dekorative Harmonie. Er ist gegen visuelle Bequemlichkeit, die sich im oberflächlichen Augenschein ausruht. In seinen Arbeiten erfolgt immer wieder eine Irritation des Seh- und Raumerlebens, das sich unterschiedlich darstellen kann, je nach Art des Bildes.

Durch die luministische Malerei wird es Egger möglich, in dem von ihm entwickelten malerischen Schaffen die traditionelle Kunstkonzeption und -rezeption zu verändern. Er kann den Bildraum um eine grenzüberschreitende Dimension erweitern oder die ästhetische Grenze, den Abstand zwischen Bild und Betrachter, auflösen, indem er den Betrachter zum Dialog mit den sich verändernden Phänomenen auffordert.

In der künstlerischen Qualität des Luminismus, der Möglichkeit zur farblichen und optischen Verwandlung durch Nachleuchten in der Dunkelheit, fand Marc Egger zudem ein Medium für die Veranschaulichung seiner künstlerischen und philosophischen Weltsicht, die von den Möglichkeiten zur Veränderung bestimmt ist.

Sein Weltbild ist nicht eindimensional, fest definiert und abgeschlossen. Es entzieht sich vielmehr einem fixierten Urteil, ist mehrdeutig interpretierbar. Aufgrund seiner Offenheit, Flexibilität und Bereitschaft zur stetigen Veränderung und Dynamik fühlt er sich der Fluxusbewegung und ihren Vorläufern verbunden. «Change is hope», sagt Egger lächelnd über sein Lebensmotto und verweist auf die Philosophie Heraklits und dessen Idee, dass sich alle Lebenserscheinungen in einer ständigen Bewegung, in einem ewigen Werden und Vergehen befinden («Panta rhei», «Alles fliesst»). Oder auf die Aussprüche im Dadaistischen Manifest von 1918: «... gegen jede Sedimentsbildung sein, ein Moment auf einem Stuhl gesessen, heisst, das Leben in Gefahr gebracht haben...»

Immer schon hat Egger das Dynamische fasziniert, sowohl in Kunstwerken wie auch im Alltag. Wenn er nicht Maler geworden wäre, hätte ihn das Prinzip der Kinetik zur Weiterentwicklung angeregt, sagte er einmal in einem Gespräch.

Er erfreut sich an der spielerischen Bewegtheit der Mobiles Alexander Calders, die er als humorreich empfindet. Die kinetischen Arbeiten des Venezolaners Jesús Rafael Soto, mit dem er in Paris und Zürich arbeitete, sind ihm auch wichtig in ihrer strengen und konsequenten Ausführung. Egger, der die Entstehung von Sotos Werken gut kennt, wundert sich immer wieder über die gestalterischen Verknüpfungen in der Welt der Künstler.[4]

4 Soto hatte 1955 Piet Mondrians letztes Bild «Broadway Boogie Woogie» gesehen und fühlte sich angeregt, die geometrische Abstraktion Mondrians in optische Bewegung zu bringen. Durch genau kalkulierte optische Täuschung entsteht nicht eine reale Bewegung wie bei Calders Mobiles, sondern die Scheinbewegung in Arbeiten Sotos entsteht durch Positionswechsel des Betrachters.

Nachtlicht

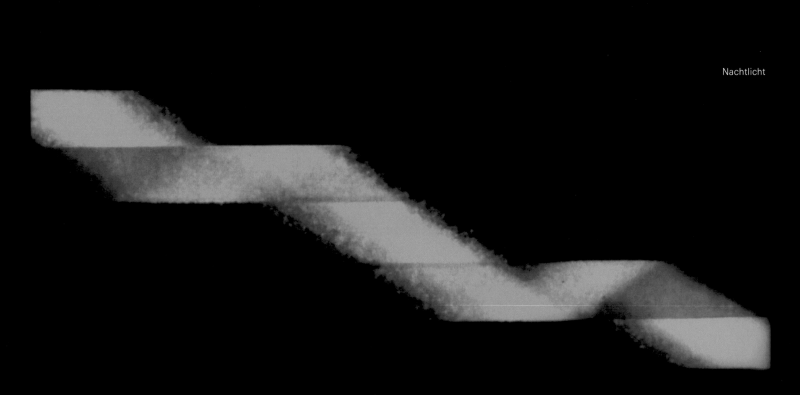

In der Dunkelheit, im Nachtbild, erscheinen die Phosphor-streifen leuchtend, treten aus der Bildfläche hervor und entfalten ein geometrisches Eigenleben. Die Bilder entwickeln eine starke Raumwirkung. Der Gegensatz zwischen der strengen Komposition aus gefalteten Plastikblättern und den darauf gesetzten, kontrastierenden Phosphorstreifen ist sehr ausdrucks-stark. Die meisten dieser Bilder sind nicht nur auf einen weissen rechteckigen Plastikrahmen montiert, sondern darüber hinaus von einem transparenten Plastikrahmen eingefasst. Durch diese Art der Präsentation erhalten die Bilder Objektcharakter.

Weitere Experimente mit unterschiedlichen Bildträgern führten zu Plexiglasplatten als Malgrund. Egger empfand dieses Material als sehr angenehm und bemalte oder besprühte die unterschiedlich farbigen Platten mit phosphoreszierenden Farben. 1969 entstanden leuchtende Bilder von transparentem Charakter, die den immateriellen Lichteindruck von gotischen Glasfenstern spüren lassen.

Nach diesen amorphen Farbgestaltungen suchte Egger wieder die Deutlichkeit der Form und der Farbe und wandte sich der Geometrie zu. In seinem Werk findet sich immer wieder der Wechsel zwischen persönlich geprägtem, lebendigem Ausdruck und abstrakterem, intellektuellerem Arbeiten.

Skulpturen aus Plexiglas

Der Materialcharakter der begrenzten rechteckigen Flächen der Plexiglasplatten regte ihn zum dreidimensionalen Schaffen an, zu einem bauenden Zusammensetzen und dann Zusammenfügen der Platten zu geometrischen Körpern. Ihn reizte die Möglichkeit des Stoffes zur raumverdrängenden Skulptur, die aber gleichzeitig durch die Transparenz des Glasartigen raumdurchlässig wird. Egger ist kein Bildhauer, der mit einer Materialmasse und ihrem Volumen arbeitet, sondern es geht ihm um das Problem der Objekte im Raum und ihre gegenseitige Bezugnahme.

In seinem plastischen Werk in der Schaffensphase um 1970 arbeitete er mit minimalistischen Mitteln. Massstab und Proportion in Form- und Farbeinsatz wurden untersucht. Es entstanden Würfel, Quader, Tetraeder, Pyramiden und Treppenskulpturen aus Plexiglasplatten in unterschiedlichen Farben.

Für den Farbeinsatz benutzte Egger hier die Spritzpistole, mit der Pigmente in winzigsten Partikeln aufgesprüht werden können. Die Dichte der gesprühten Farbe mit phosphoreszierendem Acryl auf den Innenseiten der geometrischen Körper bestimmt deren Ausdruck. Zur Formqualität wird zusätzlich eine malerische Qualität geschaffen, die bei Tages- oder Kunstlicht zu betrachten ist und in der Dunkelheit durch das Nachleuchten der Farben einen völlig anderen Eindruck erzeugt.

Durch die hier angewendete Technik des Sprühens erzeugte Egger Farbstreifen mit unregelmässigen, wie vibrierend wirkenden Rändern, die in wirksamem Kontrast zu den klaren geometrischen Kanten der Plexiglasskulpturen stehen. Dadurch wirkt die mathematische Form nicht nüchtern und kalt, sondern lebendig bewegt.

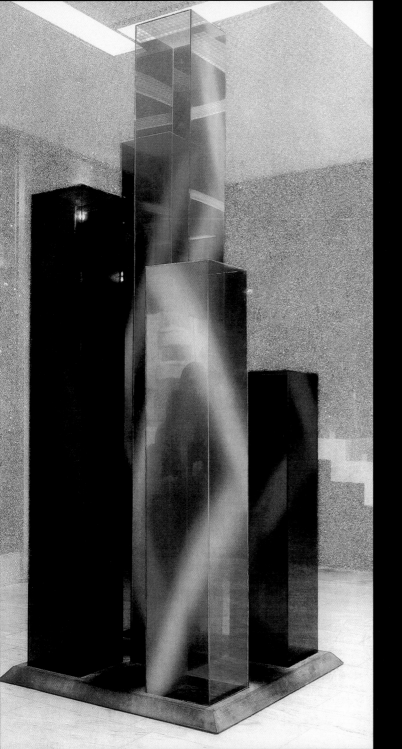

Der isoliert freistehende, sich im Raum behauptende bläuliche Plexiglasquader «Spiral I» (Abb. S. 86) verliert bei Dunkelheit betrachtet seine statische Ausdruckskraft. Hier findet ein qualitativer Sprung von der Tag- zur Nachterscheinung statt. Die vorher statische Form des senkrecht stehenden Quaders verliert in der Dunkelheit ihre Formgrenzen und verwandelt sich in Sekundenschnelle in eine grüne, aufwärtsgerichtete, raumerobernde Spirale. Die Spirale, als symbolhaftes Zeichen für unendliche Bewegung, dynamisiert den Raum. Das Grün in changierender Farbigkeit, in seiner Farbbedeutung des Vegetativen, unterstützt inhaltlich die Form der Spirale in ihrem Bewegungscharakter. Die Plastik verändert ihre Form und dringt durch die Leuchtkraft der Farbe in den Raum und verändert ihn. Der Betrachter sieht sich in der Dunkelheit konfrontiert mit Licht- und Farberscheinungen in einem unbekannten Raum von unendlicher Ausdehnung und Weite. Transzendierende Phänomene können erfahren werden.

Als Auftragsarbeit für die UBS-Bank in Regensdorf fertigte Egger 1972 einen Komplex aus fünf verschieden hohen und unterschiedlich farbigen Plexiglasquadern mit dem Titel «Five Spirals» (Abb. S. 37) an. Die grösste Spirale hat eine Höhe von knapp drei Metern.

Egger erinnerte sich an die Arbeit «Five Spirals», als er 2005 einen Architektur-
entwurf für die Neugestaltung des «Ground Zero» in New York anlässlich einer
Ausschreibung einreichte.

1972 stellte Egger auch Multiples her. «Fluorescent Space» (42 x 86 x 8 cm),
ein aus Plexiglas gefertigtes Wandobjekt, besprüht mit phosphoreszierenden
Pigmenten, wurde von Sandro Bocola in der «Xartcollection» in einer Auflage
von dreimal 20 Stück in drei verschiedenen Farben, rosa, grau und hellblau,
herausgegeben. Bei Tageslicht wirkt das farbige Plexiglas in seinem minimalistischen Charakter als wandbezogenes Element, in der Dunkelheit verschwin-
det der Farbträger, und die nachleuchtende Farbe gibt dem Wandrelief malerische und räumliche Dimension.

Möbel

Neben der Herstellung der Plexiglasskulpturen arbeitete Egger auch ganz praktisch und alltagsbezogen. Er wollte nie ein Künstler im «Elfenbeinturm» sein. Die handwerkliche Tätigkeit ist eine ihm sehr wichtige Komponente in seinem künstlerischen Schaffen. In diesem Bereich ist er von der Idee des Bauhauses beeinflusst, das eine Verschränkung von Kunst und Handwerk anstrebte.

Er entdeckte, dass sich aus den fünf Millimeter dicken Plexiglasplatten auch gut Möbel herstellen liessen und begann, die Einrichtung der Wohnung in der Feldeggstrasse 21 in Zürich neu zu gestalten.

Das Design der Tische, Hocker, Sessel, Betten und Schränke zeugt von einem konsequenten Willen zur einfachen, von jeglicher Verzierung befreiten Form. Egger arbeitete mit geometrischen Grundformen, die auch teilweise durch das sperrige Material vorgegeben waren. Er verliess sich auf die Ausdruckskraft der sparsamen Gestaltung und ist in diesem Aspekt dem Denken und der künstlerischen Auffassung der Minimalisten verwandt. Er schätzt sehr das Möbeldesign Le Corbusiers und die dahinterliegende Idee, durch gute Form die Umwelt positiv beeinflussen zu können.

1970 entstanden stabile Möbelskulpturen grossen Formats, die aber trotz ihrer Ausmasse durch das leicht wirkende Material des farbigen Plexiglases nicht klobig wirken.

Als Anregung für die Gestaltung eines Sessels diente der englische Clubsessel, dessen Gestalt Egger auf einen Kubus reduzierte und geometrisierte (Abb. S. 39). Hier schaffte Egger gutes Möbeldesign, das aber nicht durch zu spartanische Gestaltung die Bedürfnisse nach Bequemlichkeit ausser Acht lässt. Um angenehmes Sitzen und Liegen zu ermöglichen, erhielten die Sessel und Betten dicke, mit tiefblauem Leder bezogene Auflagen, die sich der jeweiligen Grundform des Möbels anpassten. Der ästhetische Eindruck des geometrischen Designs bleibt bestehen. Er wird sogar durch die Farbigkeit und die Textur des Leders, das im Kontrast zu dem hellen Plexiglas steht, gesteigert.

Der mehrfach funktionale Sessel erhält durch die breite Armauflage eine Abstellfläche beispielsweise für Gläser oder Bücher.

Aus Plexiglasresten fabrizierte Egger kleinere Gegenstände für den täglichen Gebrauch wie kubische Schachteln, Zuckerdosen und Tabletts.

Bei der Auflösung der Zürcher Wohnung vor dem Umzug nach New York gingen viele dieser Möbel und Gegenstände in Schweizer Privatbesitz. Fredy Richterich, mit dem Egger seit der gemeinsamen Studienzeit 1962 in Paris befreundet ist, erwarb beispielsweise einen grossen blauen Schrank.

«Phosphorescent Space»

Beim weiteren Experimentieren mit Materialien entdeckte Egger 1972 in einem Geschäft für Industriebedarf unterschiedlich farbige Rollen aus Weichplastik mit dem Breitenmass 120 cm. Diese schweisste er zu Behältern von der Grösse 120 cm x 200 cm durch Verbindung der Aussenseiten zusammen. In diese überdimensionalen, verschieden farbigen, transparenten Plastiktüten füllte er in unterschiedlichen Mengen die nachleuchtenden Pigmente rot, grün, gelb und blau. Eine neue Werkserie entstand: «Phosphorescent Space» (Abb. S. 41). 1974 zeigte Egger diese Arbeiten in der Galerie Emmerich in New York und 1978 in Paris.

*Die Arbeiten verlassen den Bereich
der traditionellen Malerei auf Leinwand. In strenger Parallelität,
senkrecht gehängt, erscheinen die
mit phosphoreszierenden Pigmenten
teils mehr, teils weniger gefüllten,
unterschiedlich farbigen Weich-
plastikbehälter als wandbezogene
Bildplastiken. Sie behaupten sich in
ihrer Monumentalität und stehen
für sich als reine Farbträger im
Verbund mit den anderen.
Bei Erlöschen des Lichtes werden sie
zu einer Rauminstallation des
Unbekannten. Der Besucher, plötzlich im Dunklen, erfährt schockartig
den Verlust des vorher scheinbar
bekannten, scheinbar sicheren
Raumes. In der Dunkelheit kommt
es zu einer verfremdenden Raum-
akzentuierung durch unregelmässige, die Bodenkante betonende
Farbstreifen. Raumgegebenheiten
werden durch die unterschiedlichen
Distanzwerte der Farben aufgelöst.
Rot drängt nach vorn, Blau
zieht sich zurück in die Ferne.
Der Betrachter wird zu einer
Neuorientierung aufgefordert.*

1977–1978: Farbuntersuchung

Egger hielt vorerst die Möglichkeiten für sich im Bereich der plastischen Arbeiten für ausgeschöpft. Er interessierte sich wieder mehr für die Gestaltungsmöglichkeiten der Malerei auf zweidimensionalen Bildgründen.

Diese Sprünge von der Plastik zur Malerei, vom malerischen zum mehr geometrischen Komponieren sind in Eggers Werk häufig und in künstlerischen Entwicklungsschritten begründet. Meistens greift er eine Werkphase wieder auf und vertieft Inhalte oder formale Untersuchungen. Oft nimmt er Elemente aus seinen Bildern und setzt sie plastisch um.

Ausstellung Galerie André Emmerich, Zürich, 1978

Eggers Werk umfasst Schaffensphasen, die im alltäglichen Sprachgebrauch als «abstrakt» bezeichnet werden, wie die Bilder der Farbuntersuchung. Egger lehnt den Begriff «Abstraktion» für diese Bilder ab, da es hier im Arbeitsprozess nicht um Reduzierung von Gegenständlichem oder um eine Absage an Naturerscheinungen geht, sondern, davon losgelöst, um eine reine Untersuchung von Farbenphänomenen.

Egger kennt eine der radikalsten Positionen der Abstraktion, nämlich das Triptychon aus drei monochromen Bildtafeln von Alexander Rodtschenko von 1921: «Reine rote Farbe; reine gelbe Farbe; reine blaue Farbe».

Er schätzt das Werk Yves Kleins, der mit seinen ultramarinblauen monochromen Bildern über Farbe meditiert und für den Blau «das Unsichtbare sichtbar macht».

Robert Ryman, der mit seinen sich ins Weiss auflösenden Bildern die monochrome Malerei wieder aufnimmt, ist für Egger einer der extremsten Maler der heutigen Zeit in seiner Position der Loslösung von fast allen bildnerischen Gestaltungsmitteln durch die ausschliessliche Verwendung der Nichtfarbe Weiss. In seinem farbuntersuchenden Arbeitszyklus ist Egger der «Hommage to the Square» von Josef Albers, wo sich Farbe und Fläche in reiner Selbstaussage präsentieren, ebenso verbunden wie der Auffassung der Konkreten Künstler Max Bill und Richard Lohse.

Egger intensivierte in dieser Werkphase seine methodische Untersuchung der reinen und der nachleuchtenden Farbe und ihre gegenseitige Beeinflussung in der Dunkelheit. Da es Egger um eine systematische Untersuchung ging, enthalten diese Bilder keinerlei figurative Gegenständlichkeit oder individuelle Gestaltungsmerkmale wie eine emotionale Pinselschrift. Hier wird er nicht als malende Persönlichkeit erkennbar. Der Bildaufbau ist einfach und streng: Das querformatige Bildgeviert wird durch senkrechte, manchmal schwarz betonte Achsen in drei oder vier gleich grosse Streifen unterteilt. Sorgfältig ausgemischte

Farbtöne werden behutsam in gleichmässigem Duktus aufgetragen, um die Qualität der Farbe und ihren Ausdruckscharakter zu erproben. Farbe wird hier autonom eingesetzt und erscheint als chromatisches Farbmeditationsbild in senkrechter, streng geometrischer Reihung in breiten monochromen Streifen.

Egger ist in seinen Farbuntersuchungen eher den geheimnisvollen, mystisch-romantischen Farbraumbildern Mark Rothkos verwandt als der kühlen, sezierenden Vorgehensweise Kenneth Nolands, der Farbe und Form in die Anonymität geführt hat und dessen malerisches Vorgehen Egger zu oberflächlich erscheint.

Die Fähigkeit der Farbe, sinnliche Assoziationen hervorzurufen, wird in Eggers ungegenständlichen Arbeiten beibehalten und durch Titelgebungen unterstützt. Egger widmete dem von ihm verehrten spanischen Maler Francisco de Zurbarán (1598–1664) mit «Hommage a Zurbarán» (Abb. S. 91) eine Bildserie, in der er die malerischen, differenzierten Farbtöne Zurbaráns in ihren Stimmungswerten nachempfindet, sowohl im Tagbild als auch in der Nachterscheinung.

Die Farbpalette ist reduziert, vorwiegend aus gebrochenen Erdtönen und wenigen Buntfarben bestehend. Die Farbfelder laden ein zu kontemplativer Farbbetrachtung.

Die Bilder dieses farbuntersuchenden Werkzyklus haben zum Teil sehr grosse Formate. Das grösste Bild mit Wandbildcharakter misst 1,80 x 3,50 m.

Egger arbeitete mit der Ausdruckskraft grosser Farbflächen. Farbe kann sich im grossen Format besser entfalten und eindringlicher wirksam werden als im kleinen Format.

In «Argon» (Abb. S. 90) setzte Egger auch bewusst die unterschiedlichen Distanzwerte von Farben ein. Die Farb- und Lichterscheinungen umhüllen den Betrachter, ziehen ihn in die tiefe Weite des Farbraumes oder scheinen ihn durch eine aus der Fläche tretende Farbe zurückzustossen.

1987 wurden diese als sehr modern empfundenen Bilder in einer Einzelausstellung in der Galerie André Emmerich in Zürich gewürdigt.

Landschaft

Ab 1980 wendete sich Egger wieder dem Bildhaften zu. Titel wie «Horta de San Juan» (Abb. S. 94) zeigen, dass er sein malerisches Interesse auf die Aussenwelt richtete und von dort Impulse zur Darstellung von Landschaftsimpressionen erhielt.

Die Bilder dieser Zeit beziehen sich verstärkt auf Lebensstationen und geben Einblick in die Persönlichkeit des Malers. Individualität wird sichtbar im temperamentvollen Pinselduktus, der Formgrenzen auflöst und Bewegung durch gestisches Malen schafft.

Egger liebt den Ort Horta und die ursprüngliche Landschaft, die er von seinem Haus aus betrachten kann. Immer wieder wird Horta zum Thema seiner Bilder. In «Horta de San Juan» zeigt Egger im Tagbild den Farbeindruck des Dorfes an einem Sommerabend: Es erscheint eine zentral platzierte gelb-goldene Lichtvision, abgesetzt von vielfach gestuften Dunkeltönen. Farbe scheint einem vibrierenden Kraftfeld gleich aus dem Bild herauszutreten. Im Nachtbild wirkt das Dorf vor dem blauen Nachthimmel wie beleuchtet. Das Landschaftserlebnis wird zu einer Imagination erweitert: Lyrisches Naturempfinden findet hier seinen Ausdruck.

In diesem Bild fallen Impression und Imagination zusammen: Egger scheint zu malen, was er fühlt und nicht nur, was er sieht. Farbe wird suggestiv mit starker emotionaler Wirkung eingesetzt.

Van Gogh, den Egger wegen seiner «künstlerischen Ehrlichkeit» (Zitat: Egger im Interview mit Vicente Baldellou, 2001) verehrt, sprach in den Briefen an seinen Bruder Theo von «suggestiver Farbe». Dieser Begriff darf hier auch für Eggers Farbeinsatz benutzt werden.

Die sehr malerische Gestaltungsweise von «Horta» wird wieder aufgenommen im Bild «Flamenco» (Abb. S. 110). Durch die Farbvision meint man, der wirbelnden Drehbewegung im Tanz nachspüren zu können.

Welträume

Marc Eggers Offenheit für aktuelle Themen lenkte sein Interesse auf die Raumfahrt. Er verfolgte gebannt die Mondlandung und war später von den fantastisch anmutenden Bildern des Weltraum-Teleskops «Hubble» tief beeindruckt. Dieses Teleskop, im Weltraum an einen Flugkörper montiert, erzeugte bis dahin nicht gesehene Aufnahmen, die Phänomene des Alls ohne atmosphärische Einflüsse zeigten. Bisher unbekannte Aspekte des Kosmos wurden ersichtlich. Der Vorstoss des Menschen in den Welt-Raum, seine technische Begabung und die damit verbundene Hoffnung auf einen vernunftgesteuerten Fortschritt inspirierten Egger zu neuen Bildfolgen.

Spaceshuttle, 1981, phosphoreszierendes Acryl auf Papier, 35 x 48 cm, Kat. Nr. 485

Disaster in the Skies, 1986, phosphoreszierendes Acryl auf Leinwand, 100 x 125 cm, Kat. Nr. 706

Tageslicht

Tageslicht

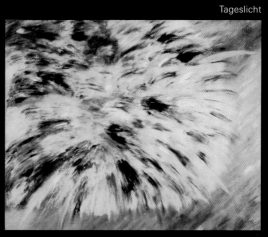

Nachtlicht

Nachtlicht

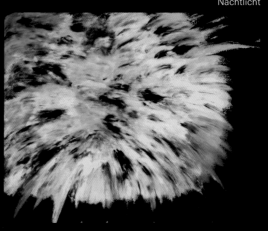

Im Bild «Spaceshuttle» imaginierte Egger die Unendlichkeit des Raumes und seine Lichtverhältnisse. Farbe wirkt sphärisch entrückt. Gesetze der Wirklichkeit und der Schwerkraft scheinen keine Gültigkeit mehr zu haben. Durch das intensive Blau im Nachtbild wird unendliche Weite suggeriert. Winzig klein behauptet sich das Flugzeug im nicht mehr Messbaren, eher verloren als geborgen, vielleicht vor einem apokalyptischen Sturz ins Leere. Egger verarbeitete 1986 in dem expressiven Bild «Disaster in the Skies» die Explosion der «Challenger», die er als entsetzter Zeuge einer Direktübertragung im Fernsehen

miterlebt hatte. Die heftig gesetzten, sich überdeckenden Pinselstriche scheinen in eruptiver Bewegung und fast eskalierender Farb- und Formsprache den Bildrahmen sprengen zu wollen.

Im Nachtbild erscheint die gefährliche Energie des Explosionsbrandes in grell leuchtenden Rot-Orangetönen mit kontrastierendem Blau und Grün in tiefschwarzem Umfeld. Die ästhetische Grenze wird überschritten: Der Betrachter scheint bedroht zu werden von einer nicht mehr zu kontrollierenden Kraft.

Phase der Geometrisierung

Wie häufig schliessen sich bei Egger an eine malerisch sehr freie Phase wie in «Horta de San Juan» (Abb. S. 94), «Guggenheim» (Abb. S. 96) oder «Spaceshuttle» (Abb. S. 45) wieder mehr geometrisch bestimmende Elemente in der Bildgestaltung an.

In dem Tagbild von «Big Star» (Abb. S. 98) von 1982 wird das Thema Himmelserscheinungen und Himmelskörper formal anders angegangen. Das Vibrieren der Farbe, ihre leuchtende konturlose Fülle, wird durch geometrische Disziplin eingegrenzt: Die malerische Gestaltung wird abstrakter. Die Bildfläche wird durch Bögen in rhythmischen Schwüngen strukturiert. Man kann hier die gestisch spontane und doch präzise gesetzte Handschrift wiedererkennen. Im Nachtbild bietet sich ein völlig anderes Bild: Das vorher lebendige Malen ist durch das Erscheinen einer unregelmässigen geometrischen Form, die an Sternzeichen erinnert, geprägt und von Rechtecken wie in einem Rahmen gehalten.

Egger zielte in «Big Star» (Abb. S. 98), «Entrance I» (Abb. S. 100) und «Coto» (Abb. S. 102) auf die totale Veränderung zwischen Tagbild und Nachtbild. In diesem Bildzyklus manifestiert Egger sein Konzept der «Permanenten Veränderung». Egger wünscht sich, dass der Betrachter erlebnishaft in den Dialog mit dem Bild und seinen Veränderungsformen tritt, sich aktiv betrachtend den abrupten Wechseln oder den sanft verlaufenden Farbnuancen seiner Bilder bei Lichtwechseln aussetzt. Der Betrachter ist in seiner Irritation angesprochen, seine Farb-, Form- und Raumwahrnehmung zu hinterfragen und Lösungen zu finden, um die sich zum Teil widersprechenden Bildthesen in einer dialektischen Synthese zu vereinen.

Egger ist hier dem Denken Duchamps verwandt, der sich in seiner Theorie und in seinem Schaffen um die Kunstrezeption Gedanken machte. Duchamp schrieb: «Alles in allem wird der kreative Akt nicht vom Künstler allein vollzogen; der Zuschauer bringt das Werk in Kontakt mit der äusseren Welt, indem er dessen innere Qualifikationen entziffert und interpretiert und damit seinen Beitrag zum kreativen Akt hinzufügt.»

Die geometrisierende Tendenz fand einen vorläufigen Höhepunkt in dem Bild «Windows on the World» (Abb. S. 112) von 1984. In der Titelgebung bezieht sich Egger auf das im nördlichen Turm gelegene Restaurant des ehemaligen World Trade Centers in New York mit dem Namen «Windows on the World».

In diesem Bild reduzierte Egger den Eindruck der Wolkenkratzer New Yorks, gesehen aus dem Fenster des Restaurants, auf perspektivisch dargestellte

Quader in schwefelfarbigem Gelb umgeben von diffusen Grautönen. Im Nacht-bild scheint die in Nuancen von Gelb-Orange differenzierte Reduktion der Sky-line wie von innen zu leuchten. Harte, eckige Formen stossen auf runde, wei-che. Im Formkontrast stossen an Wolkenballungen erinnernde Farbformen auf statisch geometrische und lockern so die von den Vertikalen der Häuser gebil-dete feste Struktur. Es entsteht eine spannungsgeladene und doch harmoni-sche Komposition.

Heute, nach dem 11. September 2001, beinhaltet das Bild vielschichtige Erin-nerungen.

Wolken / Fliegen

Fliegen, Weltraumthemen, die Unendlichkeit des Alls und Himmelskörper bestimmen Eggers Werkzyklen immer wieder in unterschiedlichen Phasen. Im Bild «The Blue Planet» (Abb. S. 114) scheint Egger Erdkugel und Sterne aus der Sicht des Raumfahrers zu sehen.

In «Clouds» (Abb. S. 104 und 105) werden Eindrücke von Flugreisen verarbei-tet. In diesen Bildern kann man Eggers Freude am Malen nachempfinden. In bewegten, locker gemalten Schwüngen türmen sich Wolkenberge auf und scheinen nahezu schwerelos in unendlichen Dimensionen zu schweben. Seine Malerei entfaltet sich frei, fast losgelöst von bildhaften Assoziationen. Im Nachtbild sind die Wolken leuchtende Farbereignisse im unendlich scheinen-den Schwarz.

Die vielen Langstreckenflüge zu seinen Reisezielen dienen Egger als visuelles Erlebnis und als Inspirationsquelle. Hier hat Egger stundenlang die Gelegen-heit, Wolkenformationen, ihre Zusammenballung und Wiederauflösung, zu beobachten und atmosphärische Phänomene auf sich wirken zu lassen. Er liebt die Sicht aus dem Flugzeugfenster in die unendliche Weite des Raumes, die Beobachtungen der Wolken, Verschiebung von Horizonten, den Proportionen verrückenden Blick auf die Kleinheit der Welt unter sich.

Diese scheinbar untätigen Zeiten sind Egger wichtig als eine Art künstlerischer Inkubationsphase. Er sagte im Gespräch, dass ein Künstler schon lange bevor er zu arbeiten beginnt, im Wahrnehmen und Empfinden einen beträchtlichen Teil seiner Arbeit leistet.

Die Sehnsucht nach Weite! Vielleicht klingt hier Biografisches an: Der Blick auf das gewaltige Massiv des Berges Leistkamm am gegenüber gelegenen Ufer des Walensees machte für ihn nur eine beengte Sicht möglich. Egger empfin-det die meisten Berge als eine Art Hindernis, das es zu übersteigen gilt.

Skupturen: «Daidalos» und «Ikaros»

1983 entstanden nach der Beschäftigung mit der griechischen Mythologie und als Folge des Auftrages eines New Yorker Hotels die zwei Skulpturen «Daidalos» und «Ikaros». Konzipiert und ausgeführt als Mobile und Stabile, sind sie aus geformten und mit grosszügigen Punkten bemalten Plexiglasstreifen hergestellt, die mit Schrauben und Drähten an einem Metallgerüst befestigt sind. «Daidalos», der Fliegende, wird als raumerobernde Gestalt aufgehängt präsentiert, und »Ikaros», der zu Boden Gestürzte und Opfer seiner Hybris Gewordene, der die warnenden Hinweise seines Vaters missachtete, ist in einen Holzstrunk oder auch auf einen Felsbrocken montiert. Das freibewegliche Gebilde «Daidalos» schwebt, sich drehend, leuchtend in der Dunkelheit wie ein unbekannter Flugkörper. Er wirkt in seiner Farbigkeit fröhlich und erheiternd.

Das Museum der Provinzhauptstadt Huesca in Aragon/Spanien zeigte 2001 in einer gross angelegten Retrospektivausstellung Werke Eggers, insgesamt sechzig Bilder und Skulpturen.

Die Ausstellung fand in drei architektonisch sehr unterschiedlichen Räumen statt: Diese liegen im noch erhaltenen historischen Teil des Königspalastes aus dem zwölften Jahrhundert und bestehen aus dem grossen Thronsaal, dem Saal der Petronilla mit beeindruckenden romanischen Bauelementen und dem sagenumwobenen Glockensaal, in dem oppositionelle Adlige hingerichtet wurden. Daidalos schwebte in der Höhe des dreizehn Meter hohen Thronsaales, unter sich der gestürzte Ikaros.

In dieser vielbeachteten, mehrfach verlängerten Ausstellung bildete die moderne Kunst Eggers in ihrer malerischen Farbigkeit oder der oft strengen geometrischen Fassung einen wirkungsvollen Kontrast zur mittelalterlichen Architektur.

Der Direktor des Museums Huesca, Vicente Baldellou, schrieb im Einleitungstext des Ausstellungskatalogs: «In unserer westlichen Gesellschaft bedeutet Dunkelheit Finsternis und Verborgenheit, Verständnislosigkeit und Blindheit. Die dunkle Seite von etwas bedeutet die Rückseite seines Wesens. Der Tag ist das Licht, die Klarheit, die Sicherheit – die Nacht ist der Schatten, die Undurchsichtigkeit und die Gefahr. Das Weiss ist Gewissheit, das Schwarz ist Geheimnis. Klar zu sehen, ist die Erkenntnis und dunkel zu sehen, ist der Zweifel.

Jedoch, nach dem Betrachten des Werks von Marc Egger bleibt uns nichts anderes übrig, als das abschätzige Konzept der Dunkelheit, das so fest in unserem Bewusstsein verwurzelt ist, zu hinterfragen: In der Dunkelheit sind wir

Daidalos, 1983,
phosphoreszierendes Acryl
auf Plexiglas,
156 x 450 x 460 cm,
Ausstellung Museum Huesca, 2001

nicht blind, die Dunkelheit führt uns im Gegenteil zu tieferem Verständnis, offenbart uns künstlerische Botschaften und füllt unsere Pupillen mit Farben. Marc Egger tritt ein in das Spiel der Gegenüberstellung von Licht und Dunkelheit, um uns die zwei Seiten der Realität zu zeigen. Diese zwei Seiten sind verschieden, (...) aber keine von ihnen ist besser oder schlechter als die andere. Es ist möglich, dass sie sich gegenüberstehen, ohne dass es Sieger oder Besiegte gibt.

Es ist klar, dass die Absicht Eggers mit Konventionen bricht, wenn er Schönheit in der Dunkelheit zeigt und ihr den finsteren Charakter nimmt. Gerade in der Dunkelheit verschafft Marc Egger den Farben ihre grösste Lebendigkeit und für unsere Augen grösste Wirksamkeit, in der die farbliche Explosion in ihrer ganzen Kraft ausbricht.

Sicher, die Dunkelheit hindert uns, die Gegebenheiten zu sehen, aber die Dunkelheit, die uns Marc Egger anbietet, erlaubt uns, vieles anderes zu beobachten, zu sehen. Egger verwandelt die Dunkelheit in ein selbständiges Kommunikationsmittel, in ein Gesetz der Sprache, die der Autor versucht und erreicht, uns mitzuteilen.»

«Reflektionen»

Während seiner vielen Spaziergänge durch Manhattan erhält Egger immer wieder anregende Inspirationen. Die Beobachtung des sich reflektierenden, brechenden Lichts in den Glasfassaden der Hochhäuser und die Licht- und Gegenstandsspiegelungen im Big Pond des Central Parks führte ihn zum Motivkreis der Reflektionen in Glas und Wasser. Egger interessiert an der Spiegelung die optische Veränderung in dieser zweiten gebrochenen Erscheinung der Realität. Im Nachtbild kommt es durch das starke Nachleuchten der Farbe zu einer weiteren expressiven Veränderung und Verfremdung. Die Reflektionen in den jeweiligen Bildern spiegeln die Nachtbeleuchtung New Yorks.

Im romantisch stimmenden Bild «Moonlight» (Abb. S. 12) von 1986 kündigt sich schon ein Naturerleben an, das später in Spanien in dem Bildzyklus «Viaje Nocturno» (Abb. S. 130 und 131) weitere Vertiefung findet.

«Luminous Landscapes»

In dieser Bildserie wendete Egger sich wieder dem Thema «Kosmos» zu, das ihn seit Jahren immer wieder beschäftigt.

Tagbild und Nachtbild bieten in «Luminous Landscape» (Abb. S. 160) einen völlig unterschiedlichen Eindruck. Im gelbleuchtenden Tagbild scheint man windbewegte Weizenfelder zu sehen, im Nachtbild eine lichterfüllte, luminöse Allvision. In der offenen Bildkomposition scheinen sich Himmelskörper in geordneten Bahnen zu bewegen und sich im Schwarz des unermesslichen Raumes zu verlieren. Der Gedanke an die ursprüngliche Idee des Kosmos als das Geordnete, Schöne taucht auf.

Landschaften: «Hortazyklus»

Nach dem malerischen Ausflug in unendliche Weiten ist Egger wieder an Landschaften und weltlich Gegenständlicherem interessiert. In Fassungen des Themenkreises «Horta» in «View from Horta» (Abb. S. 122) und «Camino a Lledó» (Abb. S. 124) von 1988 rückt das spanische Landschaftserlebnis in den Vordergrund des malerischen Anliegens.

Die Bildkomposition ist strenger: Horizontal und vertikal angelegte Felder werden von dunkleren Streifen, die Wege oder Hecken sein können, gegliedert. Rhythmisch gesetzte farbige Flächen beleben als Bewegungselemente die Flächenformen. Baumkronen werden zu Kreisformen reduziert. Die Farbe ist pastos aufgetragen, die Farbmaterie ist deutlich erkennbar, vielleicht schrundigen Bodenstrukturen nachempfunden. Im Tagbild scheint man durch die kurzen bewegten Pinselstriche und den Farbeinsatz von Gelb-Ocker, der Sommer

Tageslicht

Nachtlicht

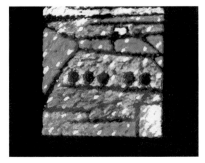

Cora's Window, 1988,
phosphoreszierendes Acryl
auf Leinwand,
100 x 125 cm

5 Egger gefallen die Licht- und
Farbspiele der von Alfred Manessier
gearbeiteten Fenster der Heiliggrabkapelle
im Turm der Kathedrale St. Nicolas im
schweizerischen Fribourg. Er hat den
französischen Maler in Paris kennengelernt.

assoziieren lässt, die flirrende Hitze in der spanischen Landschaft zu spüren. Im Nachtbild hingegen fühlt man die erlösende Kühle durch die malerische Betonung auf intensivem Blau, das in seiner psycho-physischen Qualität Kälte suggeriert. Die Farben haben die Intensität von Glasbildern.[5]

Der Abstraktionsprozess wird weitergeführt. In «Cora's Window» (Abb. S. 51) sieht man den Blick aus dem Fenster auf die Landschaft von Horta. Die wie ein Repoussoir wirkenden Holzfensterläden und die Fensterbank sind noch als solche realistisch zu erkennen. Durch diese Betonung der Gegenstände im Vordergrund des Bildes steigert Egger die Illusion des Tiefeneindrucks.

Im späteren Bild «Red Prospect» (Abb. S. 126) von 1989 sind die Fensterläden zu roten Seitenstreifen im Tagbild abstrahiert beziehungsweise im Nachtbild zu schwarzen Streifen, die das Blau hervorheben.

Durch abstrahierte Gestaltung – im Kontrast zur gegenständlichen – kann Realität wieder verschärft wahrgenommen werden. Eventuell ging es Egger um dieses Wahrnehmungspotential. Im weiteren Abstraktionsprozess, in «Flagpole IV» (Abb. S. 128) von 1991 weist schon der Titel auf etwas Neues. Hier erscheint die Senkrechte des Fensterkreuzes in Form eines roten beziehungsweise schwarzen Balkens als spannungsbildendes und strukturierendes Element – ein Hinweis auf neue Arbeitsphasen mit abstrakterem Anteil. Egger beginnt, sich von landschaftlichen Assoziationen zu lösen: Die malerische Gestaltung wird expressiv und gleichzeitig geometrisch-abstrakt in spannungsreicher Wechselwirkung.

Bilder des «Hortazyklus» wurden 1990 im Kunsthaus Glarus gezeigt.

«Nächtliche Reise»

In der 1991 gemalten Serie «Viaje Nocturno» (Abb. S. 130 und 131) stehen geometrisierende Elemente im Einklang mit malerischen. Durch das stimmungsvolle Erlebnis einer nächtlichen Reise durch die mondbeschienene Landschaft Spaniens findet eine Hinwendung zur meditativen Betrachtung der Gestirne und des Kosmos statt. Hier erscheint Egger in seiner Haltung zur Welt wie ein moderner Romantiker in träumerischer Introversion und sehnsuchtsvollem Empfinden. Eine fragile, flüchtige Schönheit wird ahnbar, die manchen Betrachter melancholisch stimmen kann.

In dieser in dunklen, nächtlichen Farbtönen gehaltenen Bildserie werden Zeitabläufe im Aufleuchten und im allmählichen Verblassen bis zum Verschwinden der Farbe erlebbar. In diesem nuancenreichen Prozess bis zum endgültigen Verlöschen des Lichts im Bild geht es Egger um die Veranschaulichung von Dunkelheit und Unendlichkeit.

Man kann in diesen Bildern auch kollektiv Unbewusstes in malerische Sprache umgesetzt finden. Das Mondhafte, in der mythologischen Symbolik als das Weibliche gesehen, erfährt als Gegenpol die klare Form der senkrechten Streifen als männliches Prinzip.

«Kosmos»

In der sehr freien Malerei von «Adab Cosmos» (Abb. S. 134) und «Palmira Cosmos» (Abb. S. 135) werden Themen des Kosmos wieder aufgenommen. Die Titelgebung zeugt von Eggers Interesse an alten Hochkulturen wie Mesopotamien, dem Zweistromland zwischen Euphrat und Tigris, das als Wiege der Kultur gilt.

Die Tagbilder zeigen eine vibrierende Licht-Farb-Erscheinung in sensibler Malweise. In die schwebende rötlich-gelbliche Farbsensation sind kreisrunde Formen komponiert: Sterne? Monde? Planeten? Die runden Scheiben tauchen später wieder in Eggers Schaffen auf.

Wenn man als Betrachter im Dunklen vor diesen teilweise grossformatigen Bildern steht, befindet man sich in einer lichterfüllten kosmischen Welt, belebt von farbigem Sternnebel und strahlenden Gestirnen. Durch die Schwärze des Alls tanzen leuchtende Funken kreuz und quer, scheinen in ihrer Anordnung aber doch einem Gesetz untergeordnet. Man ist umgeben von Sphärischem, das in einer unglaublichen Dimension der Ausdehnung den Blick in die Tiefe zieht.

«Globes»

Egger wandte sich 1994 wieder dem plastischen Arbeiten zu. Das Thema Himmelskörper wird räumlich umgesetzt. Die «Globes» (Abb. S. 136 und 137) sind bemalte Kugelskulpturen aus Styropor. Egger stellte sie in unterschiedlichen Grössen her, die kleinsten messen 18 cm im Durchmesser, die grössten 70 cm. Die sensible Bemalung erinnert in ihrem bläulich-silbrigen Schimmer an die Vorstellung von Himmelsfarben. In der Dunkelheit verlieren die Kugeln ihren Umriss, und es erscheinen viele kleine Farb-Lichtquellen von intensiver Leuchtkraft, die sich durch die Drehfähigkeit der aufgehängten Kugeln wie in der Schwärze des Alls bewegen. Das Nichtdarstellbare des Alls erscheint in der Imagination im Urkörper der Kugel konzentriert. Egger nähert sich dem Thema der Sichtbarmachung des nicht Fassbaren, des Unsichtbaren an.

In einige Kugeln brennt Egger eine halbkugelige Höhlung. Diese Negativform wird in einer zum positiven Körper kontrastierenden Farbe gleichmässig ausgemalt und erscheint in der Dunkelheit wie eine schwarze Scheibe oder wie ein tiefes Loch. Vielleicht ist das Schwarz als Symbolfarbe für Negatives oder Chaotisches gemeint, das immer als Ur-Gegensatz im Geordneten, Schönen wohnt. Egger scheint durch den Akt des Einbrennens die Harmonie der Kugeln, ihre «Rundheit» stören zu wollen. Vielleicht will er vermitteln, dass es keine absolute Schönheit gibt.

«New Worlds»

In «New Worlds» (Abb. S. 138, 139 und 140) kündigt sich eine neue Bildserie an. Die Kreisform oder Scheibe wird zentrales und bildgestaltendes Element. In ihr vereinigen sich die Bewegungsrichtungen (Horizontale, Vertikale und Diagonale) in der Elementarform Kreis. In dieser Zentrierung findet Egger wieder zur meditativen Malerei. Sie lädt zur beruhigenden Innenschau ein, indem sie den Blick in die Weite richtet. Auch äusserlich, in fast lasierendem Farbauftrag gemalt, wirken diese abstrakten Bilder geglättet und geklärt. Hinter der Abstraktion und Konzentration scheinen Fülle und tiefes Wissen verborgen zu sein. Der in Gelbtönen modulierte Farbraum im Tagbild scheint vibrierend gleichmässig zu atmen. Er entfaltet halluzinatorische Dimensionen.

In der Kreisform entfaltet sich in dem magisch immateriellen Licht eine hypnotische Kraft. Der Bildbetrachter scheint bei Konzentrierung auf die schwarze Scheibe wie von einem übermächtigen Sog in uranfängliche Dunkelheit gezogen zu werden.

Das Erlebnis von Zeitlosigkeit führt den Betrachter zur Entrückung. Im unendlich scheinenden Schwarz der Kreisform kann Auflösung, Leere, das Nichts in tiefer menschlicher Existenzerfahrung empfunden werden. Egger, der sich in Studienzeiten intensiv mit fernöstlichen Religionen beschäftigte, scheint in diesen Bildern buddhistische Nirwana-Fantasien zu imaginieren.

«New Horizons»

In den folgenden Jahren, von Ende 1996 bis 1999, variierte Egger sein Thema der «New Horizons» (Abb. S. 15, 142, 144, 145, 146). Nach der Werkreihe der «New Worlds» wuchs in ihm das Bedürfnis, sich wieder intensiver «Irdischerem, Erdhafterem» zuzuwenden. Während der Farbauftrag in «New Worlds» fast lasierend ist, die Bildkomposition sich um ein Zentrum, die Kreisform, gestaltet und der Ausdruck kontemplativ ist, fand Egger in «New Horizons» zu einer wieder anderen, viel lebhafteren Bildsprache.

Die Farbsubstanz wird pastos, verdichtet, «erdhafter» in rhythmischem Pinselduktus aufgetragen. Die individuelle Handschrift kommt aus einer inneren Bewegtheit. Die Bilder dieser Werkphase wirken dadurch gestischer und vitaler in ihrer «all over» Struktur.

Im Nachtbild wird eine andere kosmische Erscheinung als in «New Worlds» vorgeführt. Kaskadenartig scheinen in der Schwärze des Alls lichthaltige Tropfen zu fallen. Bei der Betrachtung im Dunkeln sieht man sich umgeben von bewegtem Lichterspiel, in dem Farben wie in Akkorden klingen.

Zwischenstationen

Wie häufig finden Reise- und Landschaftsimpressionen eine bildliche Umsetzung: Marc Egger und Andrea Zurek machten 1998 eine Asienreise, die über Thailand bis nach Japan führte. In dem beinahe wie ein Aquarell erscheinenden Bild «Magic Mountain» (Abb. S. 148) wird der Blick auf eine vernebelte japanische Berglandschaft malerisch verarbeitet. Das Neblige lässt Landschaftsformationen gelblich mit dem pastellartigen Himmel verwoben erscheinen.

Die Farbigkeit in diesen Bildern ist hell und zart, nahezu lyrisch-traumhaft. Wie aus rhythmischen Bögen gewebt, an die «Passagen» in den Bildern des analytischen Kubismus Braques und Picassos erinnernd, wird die Landschaft aufgebaut. Zwischen den Farbschwüngen scheint das Weiss der grundierten Leinwand durch und gibt der Malerei einen transparenten Ausdruck. Auch Erinnerungen an das Werk Paul Cézannes, die Bildfolge des «Mont Sainte-Victoire», werden wach: so ähnlich ist der Bildaufbau und die lichthaltige Malerei des Himmels. Bei Cézanne jedoch sind die Himmelsfarben klar geschieden von den erdhaften Farben der Landschaft. Die im Tagbild weiss-gelbliche Farbskala der an Hügelketten erinnernden Schwünge in weiss-blauen Feldern erscheint im Nachtbild in tiefen Blau- und Gelbtönen, die in spannungsreichem Temperaturkontrast zum Schwarz der nicht bemalten Flächen stehen. In «Improvisation» (Abb. S. 149) wird diese Malweise beibehalten, ist aber von Landschafteindrücken losgelöst und abstrakter.

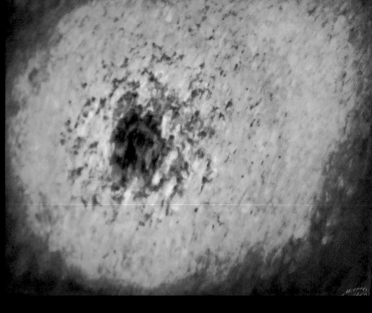

«Spherical Phenomenon»

Eggers malerisches Thema in der Serie der «Spherical Phenomenon» (Nr. 1450: Abb. S. 157) war die Steigerung der Farbleuchtkraft. Er wählte einen lebhaft gemalten, dunkleren Grund, auf dem im Kontrast eine hellere, gerundete leuchtende Fläche erscheint. Die Farbfläche scheint zu atmen, sich auszudehnen und sich wieder zusammenzuziehen.

Der starke Farbeindruck im Nachtbild wird durch den spannungsreichen Kontrast zwischen der unwirklich leuchtenden Blauzone und dem vibrierenden Zentrum, das in entgegengesetzter Farbtemperatur mit Rot, Gelb und Grün durchsetzt ist, bewirkt. Der Komplementärkontrast von Rot und Grün und der Grundfarbenkontrast von Blau, Rot und Gelb steigern noch einmal die fast grelle Farbwirkung.

Der Betrachter fühlt sich in diesem grossformatigen Bild einem starken Kraftfeld ausgesetzt, das ihn anzuziehen und wieder abzustossen scheint. Farbe wird als Energie mit einer starken Aura in diesem Bild erlebt.
Ein befreundeter Arzt und Kunsttherapeut sah noch einen anderen Aspekt im Nachtbild: Einem in Diagnostik geübten Blick zeigt sich das rote Zentrum inmitten des Farbkörpers

als ein pulsierendes Herz, das aber durch die schwarzen eingelagerten Flecken eigenartig porös aussieht. Vielleicht deutet sich in diesem Bild, sozusagen als eine Art Körpermetapher, vorhersehend die lebensbedrohliche Krankheit an, die bald darauf bei Marc Egger festgestellt werden wird.

Lebensveränderungen

Am 1. April 2003 erleidet Marc Egger nachts einen massiven Herzinfarkt in New York. Seine Frau war in Deutschland. Der schnelle Einsatz der Rettungskräfte, Feuerwehrleute aus Little Italy, die sofort Eggers Notruf folgten, und eine vielstündige Operation im St. Vincent Krankenhaus mit fünf Bypässen, durchgeführt vom diensthabenden chinesischen Arzt Dr. Chin und seinem Team, retteten sein Leben.

Er erlitt einen «widow maker» Infarkt, wie es im sarkastischen New Yorker Ärzte-Jargon heisst, den nur fünf Prozent der Betroffenen überleben. Die Kapazität des Herzens betrug nach der Operation nur 15%. Heute lebt Egger mit stabilen 28%. Sein Nahtod-Erlebnis erwähnt er kaum noch, und er schmunzelt darüber, dass auf dem Entlassungsschein des Krankenhauses steht: «discharged alive».

Die folgenden zwei krisenreichen Jahre standen unter dem Zeichen der Rekonvaleszenz.

Nach dem Schock des Infarktes genoss Egger ruhige, langsame Strandspaziergänge in Sitges. Die Wohnung im Altstadtzentrum liegt nur drei Minuten von der Strandpromenade entfernt. Freunde boten Hilfe an, die spanischen und katalanischen Nachbarn nahmen Anteil: «¡tranquilo y animo!», sinngemäss übersetzt: «Ruhe und Zuversicht!».

Nach diesem tiefen Einschnitt konzentrierte sich Marc Eggers Leben mehr auf Sitges. Die Sommermonate werden wie gewohnt in der Mühle verbracht.

In der Zeit der Genesung war Egger zur Ruhe gezwungen. Im Sommer 2003 lag er oft auf eine Liege gebettet auf der Terrasse in Molinos de las Cuevas. Dieser abgeschiedene Ort bietet einen unvergleichlichen Sternenhimmel. Egger hatte die Musse, die nächtliche Erscheinung der Sternbilder zu betrachten. Seit ewigen Zeiten sind die Menschen von ihnen fasziniert und werden zu Spekulationen angeregt. Sternformationen bieten Orientierung in der Wüste oder auf dem Meer, beides Landschaften, in denen der Mensch sich verlieren kann, über die er die Herrschaft trotz aller Bemühungen verlieren kann.

Egger schrieb 2004: «Beim Anblick des nächtlichen Sternenhimmels kann man die göttliche Grösse erkennen.» In dieser Äusserung erscheint Egger als ein Mensch, der in tief empfundenem religiösem Gefühl Natur und den Kosmos als Widerschein des Göttlichen erlebt. Und der die Kleinheit des Menschen angesichts der unendlichen Grösse des Anderen, des Numinosen, spürt.

Angesichts der kosmischen Erscheinungen der Sternenwelt kann der Mensch sich in Grenzsituationen erfahren, sich seiner Endlichkeit in der Vision des

Unendlichen bewusst werden. In diesem Gefühl ist Egger dem Pantheismus der Romantiker seelenverwandt, die im Naturerleben das Wirken einer übergeordneten guten Kraft empfanden, die sich in allem Erscheinen äussert. Er selbst bezeichnet sich als Agnostiker. In diesem vertrauendem Gefühl auf eine übergeordnete, in die Weisheit der Natur einbettende Macht hat ein den Menschen bedrohendes, apokalyptisches Weltbild keinen Platz.

Constellation, 2006, Acryl auf Leinwand, 130 x 97 cm, Kat. Nr. 1585

Das Spätwerk

Erst Ende 2004 konnte Egger wieder anfangen zu arbeiten, vorerst nur auf Papier, was weniger Vorbereitungsarbeit bedeutete. Er knüpfte an seine alten Motivzyklen an. Die Imaginationen des Kosmos, die schon immer sein Schaffen phasenweise bestimmten, wurden wieder aufgenommen und sind von tief empfundenem Ausdruck.

Die Tagbilder der folgenden Zyklen «Constellation» (Abb. S. 59, 162 und 168), «Fragment» (Abb. S. 172) und «Outer Space» (Abb. S. 174 und 176) sind sich in ihrem transparenten Ausdruck ähnlich, erzeugt durch die sehr subtile Farbgebung der hellen, auf Weiss-Grau-Blautöne reduzierten Farbskala, die einen perlmuttartigen Schimmer auf der Bildoberfläche erzeugt. Die Malweise ist sehr verdichtet, die Bildfläche erscheint fast wandartig. In vielen Schichten und Arbeitsgängen wird bedachtsam, aber zügig, Farbspur über Farbspur gelegt. Die Pinselhandhabung ist im strichartigen Duktus kontrolliert, der Malgrund bleibt an den Rändern unbearbeitet, die Bildstruktur offen.

Als Egger das Bild «Constellation Nr. 1522» (Abb. S. 59) malte, fühlte er sich physisch stärker, und man mag in der aufsteigenden Linie diese Verfassung des Genesenden wiederfinden.

Im Nachtbild von «Constellation Nr. 1585» (Abb. S. 168) scheint vom unteren Bildrand Licht im von Weiss durchsetzten Blau aufzuleuchten, das sich dann in waagerecht komponierten Abstufungen in einem stillen unendlichen Raum von Schwarz verliert, in dem weit entfernt lichthaltige Sterne zu tanzen scheinen. Die Farbskala wandelt sich von Kobalt zu noch dunklerem Pariserblau. In der Impression des nächtlichen Himmels ist eine überindividuelle Einsamkeit spürbar.

Im Zyklus «Fragment» ähneln sich die Tagbilder in der verdichteten Malweise und in der Oberflächengestaltung mit ihrem irisierenden immateriellen Schimmer. Ganz anders das Nachtbild: In der Dunkelheit betrachtet, schiessen in grosser Schnelligkeit an Sternschnuppen erinnernde Formen von eisblauer heller Farbigkeit von rechts oben nach links unten. Im spanischen Himmel gibt es in den mondfreien Zeiten der grössten Dunkelheit enorm viele Sternschnuppen zu sehen und zu zählen. Die spanische Sprache hat für dieses Phänomen den Ausdruck «Lluvia de estrellas»/«Sternregen» gefunden. Im Nachtbild sieht man malerisch komponiert den «Sternregen» einer klaren Nacht als bewegtes Farb-Licht-Erlebnis.

Egger registriert Farbveränderungen unter verschiedenen Lichtverhältnissen, beobachtet nächtliche Eindrücke bei Mondlicht aufmerksam und nimmt die

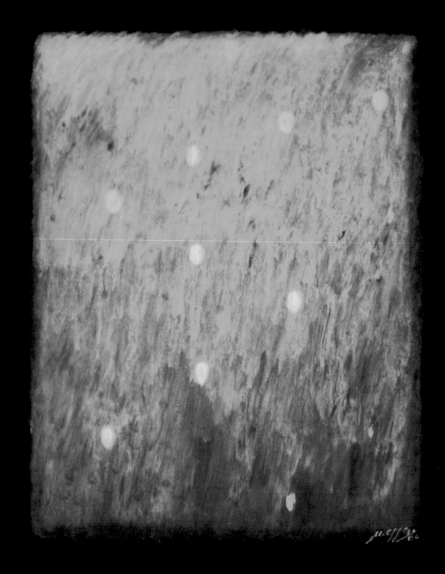

*Im Nachtbild von «Constellation Nr.1522» sieht man in einer Fläche
von tiefem Ultramarin bis Kobaltblau eine von links unten nach rechts
oben aufsteigende Zick-Zack-Bewegung, heller in der Farbe, als gepunktete
Linie gestaltet – ein Sternbild, das es wahrscheinlich nicht mit unseren
Augen zu entdecken gibt. Die Bewegungsrichtung von links unten
nach rechts oben wird in der Sehweise unseres Kulturkreises, in dem wir
von links nach rechts lesen, als positiv empfunden.*

unheimlich anmutenden Lichterscheinungen der Eklipse mit Erstaunen zur Kenntnis. Diese Eindrücke setzt er dann in seiner Malerei um.

In der Bildserie «Outer Space» (Abb. S. 174 und 176), gemalt 2007 / 2008, findet Egger zur grössten malerischen Feinheit. Durch die Lichthaltigkeit der Farbe und die Feinheit der Nuancen scheint die Überwindung alles Materiellen möglich. Farbe scheint immateriell. Die Vergeistigung der Farbe wird zu einer traumhaften, fast überirdisch anmutenden Erscheinung.
Egger scheint kraftkostende, gestische Malerei, Farb- und Formkontraste zu vermeiden. Es gibt nicht mehr die starken Kontraste zwischen Tag- und Nachtbild wie zum Beispiel bei «Big Star» (Abb. S. 98) oder «Horta de San Juan» (Abb. S. 94). Im Spätwerk verändert sich seine Bildsprache: Sie ist verhaltener, tastend, auf Harmonie und Geschlossenheit ausgerichtet, behält aber trotzdem ihre Spannung.

Die Bilder nach dem Infarkt haben einen anderen Charakter als alle vorherigen. Sie haben etwas eigentümlich Schwebendes, auch Zeitloses, Metaphysisches. Die Bilder scheinen von einem inneren Licht erleuchtet. Eine spirituelle Dimension kann in der meditativen Betrachtung der feinen lichtgebenden Tonabstufungen empfunden werden. Neben der Harmonie von Farbtönen kann unter der Oberfläche eine geheimnisvolle Spannung wahrgenommen werden. Mir erscheint in diesem Zusammenhang ein Zitat Georges Seurats passend, der seinem Biografen diktierte: «Kunst ist Harmonie. Harmonie wiederum ist Einheit von Kontrasten und Einheit von Ähnlichem, im Ton, in der Farbe, in der Linie. (...)» Egger verehrt den grossen Pointillisten wegen seiner malerischen Ernsthaftigkeit und Konsequenz, der poetischen Verdichtung in seinen Bildern.

Betrachtungen über Zeit in Eggers Werk

Da sich Eggers Werke bei Dunkelheit betrachtet in stetiger Veränderung befinden, erlauben sie dem Betrachter das Erlebnis der vierten Dimension, der Zeit. Der Aspekt der Zeit ist für die Menschwerdung ebenso existentiell und spirituell notwendig wie der des Lichts. Zeit und Licht erscheinen in Eggers Werk in unterschiedlicher Weise. Die Bilder, besonders die des Spätwerks, haben etwas Zeitloses, obwohl sie den Betrachter einladen, sich auf Empfindung von Zeit in unterschiedlicher Wahrnehmung einzulassen.
Zeit wird anschaulich in der prozesshaften Metamorphose von Formerscheinungen auf der Bildfläche und durch das langsame Nachlassen der Farbleuchtkraft.

Zeitabläufe können durch Reduktion der Lichtintensität erlebt werden. Beispielsweise verblasst in «Viaje Nocturno» (Abb. S. 130 und 131) die Farbe des hell leuchtenden Mondes. Er scheint sich hinter den ziehenden Wolken zu verbergen. Zeitlosigkeit, Entrückung und sogar eine Vision von Ewigkeit können in meditativer Betrachtung der «New Worlds» (Abb. S. 138, 139 und 140) empfunden werden.

Marc Egger sagt zusammenfassend: «Luminismus ist keine formale, sondern eine ideell betonte Kunstrichtung. Die luministische Kunst erlaubt dem Künstler die vierte Dimension in Bildern vorzustellen. Ein Kunstwerk der luministischen Kunst ist durch die Unterschiede der Lichtintensität in stetiger, unaufhörlicher Veränderung und macht so dem Betrachter die Möglichkeiten zur Veränderung bewusst. Change is hope.»

Abschliessende Gedanken

Marc Egger als Künstler ist eher der Suchende. Das macht die Lebendigkeit, die von vielen Menschen gespürte Faszination seiner Bilder und seiner Persönlichkeit aus: Da ist nicht einer, der auf ein Endergebnis, auf die Produktion für den Kunstmarkt fixiert ist, sondern jemand, der sich tagtäglich immer wieder mit Freude und Neugierde an die malerische Arbeit macht, sich und seine Bilder im künstlerisch-kreativen Prozess neu findet und immer wieder entdecken will, was möglich ist mit den phosphoreszierenden Farben. Einer, der immer wieder neue Visionen hat, die umgesetzt sein wollen.

In seinen Schaffensphasen, die dem Kosmos gelten, zeigt sich Eggers Kenntnis von Weltbildern der Urvölker und von vergangenen Hochkulturen. Seine Einsicht scheint tief in mythische und kollektive Erinnerungen eingebettet und gleichzeitig von subjektiv intuitiven Empfindungen genährt zu sein.

Egger gelingt mit seiner luministischen Malerei eine Anschauung von etwas, das mit herkömmlichen Maltechniken nicht darstellbar ist. In seinem Werk kann der Betrachter Licht, Zeit, Bewegung und Dynamik erlebnishaft empfinden und sich eigenen Ideen dazu hingeben.

Sein Werk hat Aspekte einer Kosmogonie. Egger schafft mit seinen Imaginationen Lichträume und Welten, die nicht existieren, die metaphysisch sind. Sie werden in den künstlerischen Umsetzungen seiner Visionen für den Betrachter anschaulich, sinnlich erlebbar.

Egger möchte für sich den Satz Cézannes in Anspruch nehmen: «Kunst ist eine Harmonie parallel zur Natur». Es scheint, als wolle er mit seinen kosmischen Werken andere Sphären in die hiesige bringen. In seinen Bildern schenkt er den Betrachtern eine Veranschaulichung des nicht Sichtbaren und des nicht Darstellbaren ganz im Sinne Paul Klees: «Kunst gibt nicht das Sichtbare wieder, sondern macht sichtbar.»

Vielleicht hat Egger den unerfüllbaren Wunsch zwei gegensätzliche Welten, Materielles und Geistiges, Erde und Kosmos, Licht und Dunkelheit, Apollinisches und Dionysisches in Einklang, in Harmonie zu bringen.

Das reife Werk mit seiner verhalten farbigen Lichtsensation ist in seiner Poetik und Spiritualität am berührendsten. Marc Egger ist von einer tiefempfundenen Humanität geprägt in seiner Einsicht in die Weisheit vergangener Kulturen, in seiner Kenntnis existentieller Fragen und in seiner Teilnahme an der Gegenwart. Mitfühlend ist auch sein Glaube an den Menschen und dessen Fähigkeit zu einem vernunftgesteuerten Fortschritt.

Viele Betrachter der Arbeiten Eggers empfinden in seinem Werk eine Kontinuität, die Ruhe und verlässliche Gewissheit gibt für Zukünftiges.

Sammlung Marc Egger

Marc Egger ist nicht nur Künstler, sondern auch Sammler. Am Ende der Studienzeit 1959 begann er, einige Bilder des Konkreten Künstlers Josef Albers aus der Serie «Hommage an das Quadrat» durch die Vermittlung von Eugen Gomringer zu kaufen. Kurz darauf erwarb er eine Arbeit von Max Bill. Diese Werke bildeten einen Grundstock für seine eigene Sammlung moderner und innovativer Kunst. Seine Mutter unterstützte seine Aktivität finanziell, da dem Zwanzigjährigen zu Beginn seiner Sammlertätigkeit nur sehr begrenzte Mittel zur Verfügung standen.

Im Laufe vieler Jahre wuchs seine Kollektion. Er kaufte in New York, Paris, Rom und Zürich Werke von Künstlern, die zum Teil noch völlig unbekannt waren, u.a. von Josef Albers, Joseph Beuys, Max Bill, Piero Dorazio, Max Ernst, Dan Flavin, Sam Francis, Keith Haring, David Hockney, Allen Jones, Jannis Kounellis, Sol LeWitt, Roy Lichtenstein, Mario Merz, Bruce Nauman, Barnett Newman, Claes Oldenburg, Robert Rauschenberg, James Rosenquist, Julian Schnabel, George Segal, Richard Serra, Daniel Spoerri, Antonio Tapies und Andy Warhol.

In Turin lernte Egger den wichtigen Begründer der italienischen Arte Povera, Mario Merz, kennen, der in seinen Arbeiten karge Materialien wie Erde, Filz und Glas benutzte und als Gegensatzelement leuchtende Neonröhren. Letztere versah er oft mit der Zahlenreihe des mittelalterlichen Mathematikers Leonardo Fibonacci.

Auf dem Foto sieht man hinter der Neon-Stroh-Skulptur von Mario Merz das Multiple «Tangente»
von Joseph Beuys und an der Wand von links Arbeiten von Mario Merz, Jannis Kounellis
und Richard Serra.

Egger kaufte eines seiner Werke, einen Strohballen mit einer bläulichen Neon-
röhre, für seine Sammlung. Ihm gefiel diese Arbeit, weil sie, wie er sagte
«Materielles und Immaterielles vereinigt».

Egger erinnert sich lachend an eine kleine Anekdote, die einen Einblick in das
damalige Kunstverständnis gewährt. Beim Transport der Strohskulptur Mario
Merz' nach Zürich gab es beim Zoll eine grosse Diskussion, als was sie verzollt
werden sollte. Bei der Deklaration als Kunstwerk gab es nur ungläubiges Kopf-
schütteln. Für eine Deklaration als Strohladung war das Volumen zu gering.
Der herbeigerufene, ratlose Chef der Zollbehörde erklärte die Ware als nicht
verzollbar und liess Egger mit seinem neuerworbenen Kunstwerk passieren.

Mario Merz' Arbeit wurde 1990 im Kunsthaus Glarus als Teil der Sammlung
Marc Egger ausgestellt. Gleichzeitig fand eine Retrospektivausstellung der
Werke Eggers statt.

Als Egger 1979 mit seiner Familie nach New York zog, übergab er einen Teil seiner Sammlung, deren Hauptgewicht auf den Sechzigerjahren liegt, dem Kunst-

haus Glarus als Leihgabe, wo sie sich bis heute befindet. Damit ermöglichte er, dass kunstinteressierte Menschen, die nicht die Möglichkeit haben, viel zu reisen, Bilder und Grafiken zeitgenössischer Kunst im Original sehen können.

Art Cake

1980 begann Egger mit dem Bilderkauf im Auftrag des Art Cake. Die Zürcher Sammlervereinigung Art Cake steht in der Tradition von Peau de l'Ours in Paris und Peau de Lion in Zürich. Silva und Thomi Preiss und viele andere bekannte Zürcher Persönlichkeiten, die den Art Cake gründeten, vertrauten auf Eggers durch jahrelanges Beobachten der Kunstszene gewonnenen Sachverstand und seine Fähigkeit, Kunstwerke zu beurteilen. Sie beauftragten ihn, in New York oder anderen Metropolen Kunstwerke zu erwerben. Egger kaufte in verantwortlicher Tätigkeit Arbeiten junger zeitgenössischer Künstler, deren Schaffen er in Europa und den USA kennengelernt hatte und deren Arbeiten er für gut erachtete. Im Laufe der Jahre bis 1997 (etwas später löste sich die Sammlergruppe auf) kaufte er ungefähr 150 Werke, u.a. der Deutschen Georg Baselitz, A.R.Penck, Imi Knöbel, der Spanier Miguel Barceló, Roberto Llimos, Miguel Rasero, Werke des Franzosen François Boisrond oder der Amerikaner Donald Judd, Lawrence Weiner, Bruce Nauman oder Dan Flavin. All diese Künstler machte er in der Schweiz bekannt. Ausserdem kaufte Egger Zeichnungen und Gemälde von jungen Künstlern aus dem East Village, beispielsweise von Keith Haring, Jean Michel Basquiat oder David Wojnarovicz, später auch von Anthony Dominguez. Auch dies allesamt Künstler, die in der Schweiz damals auch einem kunstinteressierten Kreis kaum bekannt waren.

Durch seine Sammler- und Einkaufstätigkeit für den Art Cake knüpfte Egger auch viele private Kontakte zu Künstlerkollegen, mit denen er sich jahrelang über die neu aufkommenden Kunsttendenzen austauschte.

Marc Eggers Lebensstationen

Egger in Europa und New York

Marc Egger, dem seine ländliche Herkunft stets wichtig ist, liebt Natur und begeistert sich für die Stille unberührter Landschaften. Dennoch ist ihm der städtische Einfluss seiner aus St. Gallen stammenden Mutter ebenso wertvoll wie das bäuerliche Erbe seines Vaters.

Im Rückblick sind ihm die erlebnisreichen Beobachtungen in der Berglandschaft am Walensee von bleibendem Eindruck und scheinen ihm für die Entwicklung seiner malerischen Farbwahrnehmungsfähigkeit und für seine künstlerische Sensibilität bedeutsam. Die Farben der Felswand des am gegenüberliegenden Ufer des Walensees fast senkrecht aufragenden Berges Leistkamm veränderten sich teils dramatisch, teils subtil, je nach meteorologischen Bedingungen: Bei Regen changieren sie in ein Dunkelviolett, bei Sonnenschein in ein irisierendes Silbergrau. In der Erinnerung erscheint ihm die Bergwand fast wie eine überdimensionale Malfläche mit geradezu surrealistischer Ausstrahlung.

Egger sucht immer wieder malerische Erlebnisse in der Natur und erholsame Ruhe in der Stille naturbelassener Landschaften. Er findet sie bei seinem Haus in Horta de San Juan und in Molinos de las Cuevas oder bei seinen Reisen durch die so unterschiedlichen Landschaften in den USA, dem Gebiet der «Four Corners», in Asien und in Mittelamerika.

Gleichzeitig braucht er als Inspirationsquelle zum künstlerischen Schaffen die Grossstadtatmosphäre und das Ambiente des Kunstbetriebs der Galerien und Museen.

Das kulturelle Leben in New York, die Dynamik der Stadt, die stetigen Veränderungen, das relativ funktionierende Zusammenleben der so vielen unterschiedlichen Völkergruppen und natürlich das künstlerische Ambiente lässt New York zu Eggers Lieblingsstadt werden. Immer wieder empfängt er Schaffensimpulse, auch wenn er sich nie direkt von einer der vielen New Yorker Richtungen beeinflussen lässt.

Egger ist seinem Lebensmotiv der Mobilität stets treu geblieben. Der gewünschte Aspekt der permanenten Veränderung lässt sich auch äusserlich an Eggers Lebensführung, an den vielen weiten Reisen und dem Wechsel zwischen Land- und Stadtleben (Mühlehorn, Zürich, Paris, Rom, New York, Horta de San Juan, Molinos de las Cuevas bei dem Dorf Torre del Compte, Barcelona und Sitges) ablesen.

1961 Erste Reise nach New York / Amerikareise

Egger war die Welt der Zürcher Kunstwelt in der Zeit nach dem Studium zu eng, zu provinziell. Er befand sich im Aufbruch und wollte Anschluss an die internationale Kunstszene. Die Impulse, die von der St. Gallener Ausstellung «Moderne amerikanische Malerei» ausgingen, führten nach Beendigung des Studiums zu Eggers erster Amerikareise von 1960 bis 1961.

Die reiche Auswahl an Museen und Ausstellungsorten in New York begeisterte ihn. Viele Stunden verbrachte er im Metropolitan Museum. Neben der Fülle an Kunstwerken aus vielen unterschiedlichen Epochen und Kontinenten des «Met» schätzte er die hohe künstlerische Qualität der Sammlung des Museum of Modern Art mit Bildern von Künstlern wie Monet, Malewitsch oder Matisse und ihre professionelle, anschauliche Hängung.

Neuere Kunst, manchmal noch nie Gesehenes, gab es in vielen Galerien und Ateliers von zum Teil noch nicht im Kunstmarkt etablierten jungen Künstlern zu besichtigen.

In der Galerie von Sidney Janis zum Beispiel beeindruckte Egger eine herausragende Ausstellung des deutschen Bauhausmalers, Farbtheoretikers und Didaktikers Josef Albers.

Egger war überrascht von der angenehmen, künstlerisch anregenden Atmosphäre der Stadt: Die Cedar Bar am University Place war ein wichtiger Treffpunkt und wurde allabendlich von zahllosen Künstlern und ihren Freunden besucht, die Gedanken austauschten, neue Kunstströmungen diskutierten oder einfach nur Entspannung im Kreis Gleichgesinnter suchten. Die Maler des Abstrakten Expressionismus, besonders Franz Kline und Willem de Kooning, verkehrten hier oft und gerne. Barnett Newman und Mark Rothko lebten eher zurückgezogen und vermieden sowohl das turbulente Barleben als auch die bisweilen oberflächlichen Gespräche der Nachahmer der Abstrakten Expressionisten.

Egger lernte die Künstler, deren Bilder ihn in der Ausstellung von St. Gallen so fasziniert hatten, jetzt persönlich kennen. Bald verband ihn eine anregende Bekanntschaft mit Kline, Rothko und Newman. Er besuchte die älteren Kollegen, die den aufgeschlossenen Schweizer gerne empfingen, in ihren jeweiligen Ateliers und informierte sich über die Weiterentwicklung ihrer Malerei. Es kam zu langen Diskussionen über die teilweise gegensätzlichen Tendenzen innerhalb des Abstrakten Expressionismus. Themen waren u.a.die «Over all»- Malerei und das Action Painting von Jackson Pollock und die Möglichkeiten seiner Technik des Dripping, aber auch die im Gegensatz dazu stehenden, ruhigeren, in sich gehaltenen und chromatischen Abstraktionen Rothkos und Newmans mit ihrem eher meditativen Charakter. Sie sprachen auch über philosophische Themen und über die im Zweiten Weltkrieg verratenen humanistischen Werte, und über die Ideale der klassisch-antiken und die der jüdisch-christlichen Tradition.

Auf Bitte seines ehemaligen Lehrers Serge Stauffer, der für sein Buch über Marcel Duchamp nähere Informationen und Fotos brauchte, besuchte Egger den damals 74jährigen Duchamp in dessen Wohnung. Der zu jener Zeit leider schon recht vergessliche Duchamp konnte hilfreiche Antworten auf die gestellten Fragen geben. Egger erinnert sich noch heute mit Rührung an die Freundlichkeit des alten Mannes und an die guten Wünsche für den weiteren Lebensweg des jungen Künstlers, die der verehrte Duchamp ihm mitgab.

1962   Europareise und Paris-Aufenthalt

Im Jahr 1962 bereiste Egger einige Monate lang die künstlerisch wichtigen Hauptstädte Europas auf der Suche nach einem inspirierenden Ort zum Leben und Arbeiten. Jeweils mehrwöchige Stationen waren München, Köln, Amsterdam, London, Paris, Rom, Wien und Salzburg. Er finanzierte seine Reisen durch Verkäufe seiner Bilder und wurde durch finanzielle Zuwendungen seiner Eltern und durch das eidgenössische Kunststipendium unterstützt.

Egger empfand die Kunstszenen in den Hauptstädten Europas nachkriegsbedingt im Vergleich zur innovativen und kreativen Szene New Yorks als eher provinziell. Bedeutende Künstler, die vor oder während des Zweiten Weltkrieges ihre Heimat in Europa verlassen und sich in New York eine neue Existenz aufgebaut hatten, gaben dem Kunstschaffen der USA wichtige Impulse, unter ihnen Piet Mondrian, Josef Albers, Max Beckmann, George Grosz, Joan Miró, Fernand Léger, Yves Tanguy, Willem de Kooning.

Paris, die damalige Kunstmetropole Europas, die so viele bedeutende Künstler angezogen hatte, angefangen mit Impressionisten wie Camille Pissaro, Claude Monet oder Jean Auguste Renoir, erschien ihm als möglicher Lebens- und Arbeitsort noch am attraktivsten. Der Dreiundzwanzigjährige fand hier für sieben Monate ein Zimmer im Hotel de Seine im Quartier Latin. Dort wohnten und arbeiteten Künstler, Literaten und Intellektuelle. Egger fand das ungebundene Leben der vom Existentialismus beeinflussten «Bohème» inspirierend.

Marc Egger, der bereits als Zwanzigjähriger Sartres existentialistisches Werk «Das Sein und das Nichts» gelesen hatte, war begeistert von den auch persönlichen Gesprächen über Lebens- und Sinnfragen, die sich mit dem damals

57jährigen Sartre und seiner Lebensgefährtin Simone de Beauvoir im Café des Deux Magots und im Café de Flor ergaben.

Nach Erfahrungen mit dem ihm zu rigiden Lehrstil der Académie des Beaux-Arts (traditionelles Zeichnen nach Modell und Kopieren historischer Vorlagen) lehnte er ein weiteres Studium für sich dort ab und konzentrierte sich auf selbstbestimmtes Studieren und Arbeiten. Besuche im Louvre und der Wechselausstellungen neuerer Kunst im Musée de la Ville, das Betrachten der Gemälde der Alten Meister und der Antikensammlung bereicherten seine Kunstkenntnisse. Ein loser Kontakt verband ihn mit den Mitgliedern der informellen Künstlergruppe École de Paris Pierre Soulages, Hans Hartung, Simon Hantaï und Jean René Bazaine, die aber nicht wegweisend für ihn waren.

1963   Zweiter New York-Aufenthalt

Marc Egger fuhr zu einem zweiten, diesmal sechsmonatigen Arbeitsaufenthalt nach New York und wohnte in der dreizehnten Strasse, in der Künstler- und Studentenszene. Er nahm die Veränderungen in dieser energiegeladenen Stadt im Vergleich zum ersten Aufenthalt 1960/61 wahr. Die Szene hatte sich inzwischen sehr verändert: Die Tendenz ging in Richtung Public Relation, Werbung, Konsum. Eine sehr viel stärkere Kommerzialisierung – es gab doppelt so viele Galerien wie noch 1960 – prägte die Kunstwelt Manhattans. Egger, der noch bei seinem ersten Aufenthalt das eher beschauliche Künstlerleben z.B. im Greenwich Village oder in der East Side so angenehm empfunden hatte, bemerkte ein sehr viel temporeicheres Leben in der Alltags- und Geschäftswelt. Er empfand den Zusammenhalt der Künstler, wie er ihn in der Gruppe um Rothko, Kline, Newman und de Kooning erlebt hatte, als nicht mehr so ausgeprägt.

Der Abstrakte Expressionismus, der die Kunst der Fünfziger- und der frühen Sechzigerjahre bestimmt hatte, wurde jetzt von vielen als elitär und als Malerei der Oberflächengestik empfunden und kritisiert. In England und in den USA begannen Künstler fast gleichzeitig in einer Gegenbewegung mit neuen Bildinhalten und Gestaltungsweisen zu experimentieren. Von den jüngeren Künstlern wurde die empfundene Kluft zwischen Kunstwelt und Gesellschaft als überbrückbar betrachtet durch eine mehr gegenständliche, alltagsbezogene Motivwahl. Mehr und mehr wurde der Abstrakte Expressionismus durch die Pop-Art und die beginnende Minimal Art abgelöst.

In den Galerien sah Egger die Arbeiten der sogenannten Wegbereiter der Pop-Art, von Robert Rauschenberg und Jasper Johns, die anfänglich noch als Künstler der Subkultur gehandelt wurden.

Robert Rauschenberg hatte 1953 mit seiner Aktion der Ausradierung einer Zeichnung de Koonings, gemeint als Absage an den Abstrakten Expressionismus, eine sehr kontrovers geführte Diskussion über Sinn und Wert des Kunstschaffens ausgelöst. Egger sah dieses von Rauschenberg manipulierte Bild in einer Ausstellung und empfand es als Angriff auf die damals etablierte Kunst und als Provokation.

Das hauptsächlich von Rauschenberg entwickelte Combine Painting veränderte die Tradition des zweidimensionalen Tafelbildes. Die noch in expressionistischer Manier bemalte Leinwand wurde durch eingefügte Objekte aus der Alltagswelt, beispielsweise durch Möbelstücke, Illustriertenseiten oder plastische Abfallstoffe, in die dritte Dimension erweitert. Später entwickelte sich aus diesen Bildcollagen die Assemblage.

Jasper Johns entdeckte unter anderem die amerikanische Flagge als Motiv und bildete Zielscheiben in Enkaustik-Technik ab. Seine Flaggenbilder und die grossen Siebdruckcollagen Rauschenbergs wurden in der Galerie Leo Castelli in der 77. Strasse ausgestellt.

Egger wurde Zeuge der Veränderungen in den Ateliers. Die neue Malerei und die speziell entwickelten Drucktechniken der Pop-Art wollten einen Weg aus der als abgehoben empfundenen Kunstwelt des Abstrakten Expressionismus in die breitere Öffentlichkeit finden.[6]

1964 Aufenthalt in Rom

Nach diesem zweiten Aufenthalt in New York und einer Zeit in der Schweiz fuhr Egger 1964 nach Rom und liess sich dort acht Monate nieder. Er malte in dieser Zeit fast monochrome Bilder, die durch einen informellen Pinselduktus Struktur erhielten.

Besuche des Vatikanmuseums oder der Sixtinischen Kapelle ergänzten seine Kenntnisse der Renaissancemalerei. Viele Stunden hielt er sich in dem von ihm als einzigartig empfundenen Etruskermuseum auf. Er vertiefte seine Freundschaft mit Mel und Leta Ramos, die auch gerade in Rom weilten. Er verkehrte mit Jannis Kounellis, Cy Twombly und Mario Schifano, von dem er damals das Bild «Con Anima» für seine Sammlung kaufte.

1965 Dritter New York-Aufenthalt

Marc Egger fuhr zu seinem dritten, diesmal viermonatigen Aufenthalt nach New York.

Er war begeistert von der Aufbruchsstimmung im New York der Sechzigerjahre. Es fand geselliges Leben in Manhattan statt: In der 14. Strasse war das

6   In der Pop-Art wurden affirmativ und wertneutral («All is pretty») Gegenstände und Abbildungen der Trivialwelt, der Werbung, der Massenmedien und des Starkults aus ihrem gewohnten Gebrauchszusammenhang gelöst und erhielten dadurch einen neuen ästhetischen Reiz. Die Bedeutungsaufladung wurde durch Verdoppelung, Überdimensionierung und serielle Wiederholung ironisiert und hinterfragt. Als Beispiele seien hier zahlreiche Werke von Claes Oldenburg, Andy Warhol oder Roy Lichtenstein erwähnt.

immens grosse deutsche Restaurant Luchow's gelegen, das immer gutbe-
sucht war. Eine ungemein anregende Atmosphäre und das reichhaltige deutsche Essen trugen zu seiner Beliebtheit bei. Daneben befand sich das Palladi-
um, in dem man die neue Musik des aufkommenden Beat und Rock hören
konnte.

Max's Kansas City in der vierten Avenue in der Nähe des Union Square war
beliebter Treffpunkt vieler Künstler, die auch hofften, ihre Werke an den Besitzer Mickey Ruskin, Kunstliebhaber und Sammler, zu verkaufen. Egger erinnert
sich an die besondere Stimmung im Kansas. Ruskin hatte in seinem Lokal eine
grosse Neonskulptur von Dan Flavin installiert, die das Ambiente in rotes Licht
tauchte.

Es war die turbulente Zeit der Nightclubs. Mitten im polnisch-ukrainischen
Viertel, Ecke Achte Strasse/Zweite Avenue, befand sich der legendäre Veran-
staltungsort Electric Circus, in dem Künstler und Schauspieler Möglichkeiten
zur Darstellung fanden. Die Rockmusiker von Velvet Underground hatten hier
ihre spektakulären Auftritte. Die Warhol Superstars zogen viele in ihren Bann.

Andy Warhol hatte seinen Lebens- und Arbeitsmittelpunkt in seinem Loft, der
Factory in der 47. Strasse. Egger besuchte ihn und die in der Factory Arbeiten-
den und war angetan von der produktiven und alternativen Stimmung dort.
Egger traf Andy Warhol und seinen Kreis mehrfach auch im Electric Circus,
aber es kam nicht zu einem näheren Kontakt zwischen dem eher scheuen Warhol, der fast immer von seinen Freunden und Mitarbeitern umgeben war, und
dem stillen, zurückhaltenden Schweizer.

Es war eine Zeit des geistigen und gestalterischen Umbruchs. Kunst wurde als
eine Art Experimentierbühne betrachtet, auf der Wirklichkeiten akzentuiert
wiedergegeben, verfremdet oder neu erfunden werden konnten.

Nicht nur in den Ateliers wurde Kunst gemacht: An Brandmauern und besonders auf den U-Bahnzügen tauchten grellbunte, plakative Bilder mit kräftigen
Konturen auf, die meist von jungen Farbigen und Latinos in schneller nächtli-
cher Arbeit mit Spraydosen aufgesprüht wurden. Als Vandalismus und als
«Schmierereien» angesehen, wurden diese vitalen Lebensäusserungen von
Reinigungskolonnen weggeputzt, erschienen aber über Jahre immer wieder
neu. Konservativen Bürgern waren sie ein Anlass zum Zorn, offen Gesinnteren
machten sie in ihrer Lebendigkeit Freude. Künstlern wie Keith Haring und Jean-
Michel Basquiat dienten sie als Anregung.

Viele der Graffitikünstler legten sich «tags» zu, Signaturen, um sich voneinander zu unterscheiden. Dazu benutzten sie nicht ihre Namen, durch die sie iden-

tifiziert und verhaftet werden konnten, sondern erfanden Fantasienamen. Egger lernte später die vom Kunstkommerz entdeckten Graffitistars Lenny McGurr (alias «Futura 2000») und Fred Braithwaite (alias «Fab 5 Freddy») kennen.

Die Schriften und die Philosophie des kanadischen Theoretikers Marshall McLuhan und sein Slogan «The medium is the message» war in aller Munde. Der Koreaner Nam June Paik begann mit seinen Videoinstallationen. Die Cellistin Charlotte Moorman hatte 1964 ihre ersten Skandalauftritte und reizte in den folgenden Jahren das konservative Konzertpublikum.
Egger verfolgte die neuen künstlerischen Äusserungsformen aufmerksam, die ihn teilweise an das Aufbegehren der Dadaisten erinnerten. Der Aspekt der gleichzeitigen Wahrnehmung nicht zusammengehöriger akustischer und optischer Eindrücke, das Arbeiten mit provozierten Zufällen, die Egger schon theoretisch bei den Dadaisten kennengelernt hatte, tauchten wieder auf.
Allan Kaprow verunsicherte und schockierte mit seinen Aktionen, die er «Happenings» nannte, ein Publikum, das in Kunsterwartung gekommen war. Weitere Artisten taten es ihm nach. Egger erinnert sich an eine Performance Oldenburgs in einer Galerie: Oldenburg reichte gestikulierend seine Objekte, die Lebensmittel darstellten, unter Musikbegleitung zwischen den amüsierten Zuschauern umher.
1962 hatte sich die Happening-Bewegung mit der von George Maciunas begründeten Fluxus-Bewegung verbunden. Maciunas, mit dem später auch Joseph Beuys arbeitete, sagte über die vielfältigen Fluxus-Erscheinungen: «Ziel ist die Erzeugung unspezialisierter Kreativität.»
Fluxus arbeitete auch mit musikalischen Darbietungen, bemühte sich um Aktivierung der Anwesenden, bezog sie aber nicht im Sinne einer Interaktion in das Geschehen mit ein.
Marc Egger, auch an moderner Musik interessiert, besuchte die Konzerte des Avantgardekomponisten John Cage und hörte seine Improvisationen und Klangexperimente, die durch die Einführung von Gegenständen wie Sägen als Instrumente entstanden. Cage schuf eine noch nicht gehörte Musik mit einem intermediären Ansatz. Egger erinnert sich an ein Konzert Cages: Die Musiker sassen wie üblich spielend hinter ihren Partituren. Doch neben Klanginstallationen, durch die Einsetzung moderner Tontechnik ermöglicht, erzeugte die Geräuschkulisse von mehreren gleichzeitig laufenden Radios eine neue Dimension von Wahrnehmung.
Egger machte auch die Bekanntschaft des Minimalmusikers Philip Glass, dessen klare musikalische Struktur er schätzte.

Die Ausweitung von Darstellungen in den Raum und seine künstlerische Gestaltung mit Gebrauchsgegenständen, die «Environments», entstanden. Egger sah in der Galerie Sidney Janis eines der ersten Environments: George Segal stellte eine Wiedergabe städtischer Wirklichkeit mit nach lebenden Modellen geformten Gipsfiguren aus. Der weisse Materialcharakter des Gipses eignet sich besonders, um die Anonymität und Entfremdung des Menschen in der modernen Massengesellschaft darzustellen.

Parallel wurden die wichtigen Kunstströmungen Minimal Art und Concept Art entwickelt als Gegenbewegungen zur emotional bestimmten Malerei des Abstrakten Expressionismus.[7]

Galerien begannen, die Werke der Künstler der Minimal Art auszustellen. Egger erinnert sich an eine Ausstellung von Carl André: Metallplatten waren in einem sonst leeren Raum zu einer akzentsetzenden, strengen Bodenskulptur ausgelegt. Die Raumwahrnehmung wurde intensiviert.

Egger lernte andere Künstler wie Sol LeWitt, Donald Judd, Lawrence Weiner, Fred Sandback und Robert Ryman kennen, die dem Kunstschaffen jener Zeit neue Impulse gaben.

Egger in Zürich

Nach seinen New York-Aufenthalten zog Egger 1966 nach Zürich und richtete sich dort ein Atelier ein. Er malte abstrahierte Formen auf flächig gemaltem, wenig strukturiertem Grund.

In der Marlborough Galerie sah er die von ihm sehr geschätzten Bilder Francis Bacons. In der Galerie Aimé Maeght wurden Werke der spanischen Künstler Eduardo Chillida, Antoni Tàpies und Joan Miró gezeigt.

Anregend waren die Ausstellungen von Pop-Art-Künstlern in der Galerie Bruno Bischofberger. Für Bischofberger stellte Egger eine Ausstellung neuer italienischer Kunst zusammen.

1962 hatte Egger in Zürich den Portugiesen Antonio Homem, den kunstbegeisterten Ingenieurstudenten und späteren Direktor der Ileana Sonnabend Galerie in New York, kennengelernt. Es entstand eine lebenslange Freundschaft, die durch gegenseitige Besuche gekennzeichnet ist.

Die Kunstszene in Zürich war geprägt von der beherrschten geometrischen Arbeitsform der Konkreten. Der Kontakt mit der Gruppe um den konkreten Künstler und Architekten Max Bill, dem Dichter der konkreten Poesie Eugen Gomringer, Richard Paul Lohse und Camille Graeser gab ihm intellektuelle

7 In der Minimal Art entstanden Bilder, Objekte und Raumskulpturen ohne literarische oder illusionistische Anspielungen. Alles Individuelle im Ausdruck, die persönliche Handschrift, wurde vermieden. Die Beschränkung auf ausgesuchte Materialien wie Erde, Eisen, Glas, Filz, die Betonung des jeweiligen Materialcharakters und die gewählte geometrische Form in ihrer Beziehung zum Raum waren Gegenstand der Darstellung.

Anregung. Egger zitiert auch heute noch mit Freude Gomringers konkretes Gedicht «Ping Pong» in unterschiedlichen Betonungen.

In diese Zürcher Zeit fallen die Heirat mit Bettina Honegger und die Familiengründung.

Horta de San Juan

Marc Egger sind Reisen immer wieder sehr wichtig, um neue Impulse zu empfangen. Bei einer Spanienreise 1972 mit einem längeren Aufenthalt in Barcelona zum Studium der modernistischen Bauwerke Gaudís, fahren Bettina und Marc Egger auch in das Dorf Horta de San Juan in Katalonien. Egger war 1963 das erste Mal in dem damals noch sehr abgelegen Dorf gewesen. Später reiste er mit Sandro Bocola auf Häusersuche in diese damals noch fast unberührte Region.

Wie kam Egger dazu, diesen nur wenigen Eingeweihten bekannten Ort aufzusuchen?

Auf einer Schiffspassage nach Tanger/Marokko auf dem Rückweg von New York hatte er einen Amerikaner kennengelernt, der ihn einlud, Spuren Pablo Picassos in Spanien zu verfolgen. Wichtige Stationen im Leben Picassos, die Geburtsstadt Málaga, die Studienorte Barcelona und Madrid und das Bauerndorf Horta de San Juan in Katalonien in der Provinz Tarragona wurden aufgesucht.

Aus Picassos Leben ist überliefert, dass er 1898/99 in Horta de Ebro, wie das Dorf damals genannt wurde, eine Erholungszeit nach einer schweren Scharlacherkrankung im Haus seines Freundes Manuel Pallarès verbrachte. Die Zeit in dem Dorf, das einfache Leben der Menschen, die zerklüftete, grossartige Gebirgslandschaft hinterliessen einen unauslöschlichen Eindruck beim jungen Picasso, der bis dahin nur städtisches Leben kennengelernt hatte. Die oft quaderförmigen, an Bergwände gebauten Häuser Hortas und der Dörfer der Umgebung boten Anreiz zum Malen und regten Picasso zur Entwicklung des Kubismus an.

Während seiner kubistischen Phase besuchte Picasso 1909 mit seiner damaligen Gefährtin Fernande Olivier Horta ein zweites Mal. Später sagte Picasso: «Alles, was ich weiss, habe ich in Pallarès' Dorf gelernt.»[8]

Das Dorf Horta gefiel den Eggers so gut, dass sie sich dort ein Sommerdomizil suchen wollten. Es war auch die Zeit der Familienerweiterung. Tochter Cora wurde geboren, und es waren keine weiteren Reisen geplant. Vier Jahre später kam Tochter Alma dazu.

8 Heute findet der kunstinteressierte Besucher von Horta ein gut organisiertes Museum vor, das Kopien der Zeichnungen und Bilder Picassos, die um 1898 und 1909 entstanden sind, beherbergt.

1972 kauften Bettina und Marc Egger in Horta de San Juan ein leerstehendes Haus. Es war die Zeit der Arbeitslosigkeit und der Landflucht in die grossen Städte: Viele Häuser standen verlassen und waren recht günstig zu erwerben. Sie renovierten das im historischen Viertel gelegene alte Haus, das eine wunderschöne Aussicht auf die umgebende weite Landschaft bietet, teils in Eigenarbeit, teils mit der Hilfe der Handwerker des Dorfes und bauten es zu einem Wohnhaus mit grossem, hellen Atelier in der obersten Etage um. Bettina und Marc Egger verbrachten fortan die Sommermonate in Spanien und die Wintermonate in Zürich.

Freunde und Bekannte folgten den Eggers und erwarben in Horta oder benachbarten Dörfern ebenfalls Häuser. Der schon erwähnte kalifornische Pop-Art-Maler Mel Ramos bezog mit seiner Familie ein Haus gegenüber.
Der informelle Maler Marcel Schaffner und der vielseitige Autor, Künstler, Kurator und Herausgeber von Multiples Sandro Bocola, der Basler Psychiater Louis Lambelet und auch der Zürcher Fotograf Hans Peter Mühlemann kauften Häuser in Horta. Sie alle verbringen hier die Sommermonate. Eggers Freund aus Zürich und New York, der Artdirektor der Swissair in New York und spätere Werbechef und Agenturinhaber Hubert Graf, erwarb ein grosses Haus in Arnes, der Performance- und Videokünstler und Erfinder des «Fallenbildes» Daniel Spoerri und der Fotograf Gérald Minkoff zogen in das benachbarte Dorf Calaceite, blieben aber dort nur kurze Zeit. Freunde aus Zürich und aus Barcelona, unter anderem Esther Vilar, kamen zu Besuchen.
Im Laufe der Jahre bildete sich in Horta eine Künstlergemeinschaft, die bis zur heutigen Zeit besteht.
Diese fast alle aus künstlerischen Bereichen stammenden Ausländer lernten Spanisch, integrierten sich ins Alltagsleben des Dorfes und nahmen an Aktivitäten und Festlichkeiten teil. Die Dorfbevölkerung nahm sie freundschaftlich auf und empfand ihren Zuzug als Bereicherung. Leta Ramos fotografierte und malte ihre Nachbarn, Mel Ramos zeigte die Porträts seiner neugewonnenen Bekannten in einer Galerie in der nächstgrösseren Stadt Tortosa. Sandro Bocola gründete 1978 in Horta das Museo de Arte Popular, ein Museum für Volkskunst. Dort waren u.a. Ackergeräte und formschöne Tongefässe ausgestellt.

1974   Kauf von Molinos de las Cuevas

Auf der Suche nach Redwoodholz, das sie für den weiteren Fensterausbau ihres Hauses in Horta suchten, entdeckten die Eggers unterhalb des aragonesischen Dorfes Torre del Compte an den Ufern des Rio Matarraña den in Ruinen

Pablo Picasso,
Das Wasserbecken von Horta de Ebro, 1909
Eggers Haus ist das erste bräunliche Rechteck von rechts auf der Erhebung in der oberen Bildhälfte.

9 Das Verarbeitungssystem zur Gewinnung von Olivenöl mit Pressen stammt noch aus der Römerzeit. Im Lauf vieler Jahrhunderte wurde das System modernisiert. Bei der Wiederinstandsetzung entdeckte Egger Jahresangaben von 1739 aus der letzten Modernisierungsphase der Mühle.

liegenden Gebäudekomplex Molinos de las Cuevas. Es handelte sich um eine sehr alte Olivenölmühle und eine noch ältere Mehlmühle, deren Betreibung im Spanischen Bürgerkrieg eingestellt worden war. Die Eggers waren begeistert von der Ästhetik und dem grosszügigen Aufbau des Anwesens und entwarfen Zukunftspläne. Sie kaufen zur Überraschung der Dorfbevölkerung die Anlage und das umliegende Land aus einer Art Pioniergeist heraus und begannen 1975 mit den Aufbauarbeiten. Viele Leute aus den umliegenden Dörfern fanden hier Arbeit. Sie und ihre Kinder erzählen heute noch von dem «verrückten» Schweizer, der damals das aufgegebene und als wertlos erachtete Anwesen kaufte und restaurierte.

Egger war es bei der Instandsetzung des Mühlenkomplexes aus Achtung vor dem historischen Erbe sehr wichtig, die Grundstruktur und den Charakter der ehemaligen manufakturähnlichen Anlage zu erhalten.[9]

Zwei der einst vier Pressen waren noch erhalten und wurden in aufwändigen Holzrestaurierungsarbeiten gerettet. Aus der ehemaligen Lagerhalle wurde ein grosses Atelier. Andere Räumlichkeiten wurden zum Wohnbereich der Familie und zu Gästezimmern umgestaltet. Egger rettete die historische Mühlenanlage vor dem sicheren weiteren Verfall. Heute ist sie eine der letzten authentischen in Aragon.

1976 war der erste Renovierungsabschnitt abgeschlossen, und im Sommer begannen die ersten Kurse für kreatives Malen und Modellieren, die später Gäste aus der ganzen Welt anzogen. Bettina Egger arbeitete als Malleiterin und Marc Egger leitete Kurse in Modellieren und keramischem Gestalten. Die beiden Töchter wuchsen in einer von schöpferischer Arbeit geprägten Atmosphäre auf.
Die Kurse in Molinos de las Cuevas, genannt Mühle, fanden ununterbrochen bis zum Jahr 2003 statt, als Marc Egger in New York seinen Herzinfarkt erlitt.

In Eggers Werk zeigt sich, dass sich Impulse, die er in New York und auf anderen Reisen empfing, in Spanien ausgearbeitet und vertieft werden. Diese beiden so unterschiedlichen Lebensorte, New York und das südeuropäische Land Spanien, verbinden und durchdringen sich in der malerischen Inspiration. Marc Egger sind diese Wechsel zwischen dem Grossstadtleben, das ihm visuelle und intellektuelle Inspiration gibt, und dem ruhigen, ihn an seine bäuerlichen Ursprünge erinnernden Landleben für seine schöpferische Arbeit wichtig. Egger charakterisierte sich einmal schmunzelnd als «New Yorker Bergbauer».

Leben in SoHo
1975 bezogen Bettina und Marc Egger mit der dreijährigen Tochter Cora für ein halbes Jahr ein Loft in der Greenestreet in SoHo (South of Houston Street). Das anregende Leben in New York, besonders im Künstlerviertel SoHo gefällt ihnen so gut, dass sie beschliessen, dort zu leben, sobald es ihnen möglich ist.

1979   New York: SoHo und Szene im East Village
1979 halten sich Marc und Bettina Egger wieder in New York auf. Egger erinnert sich gerne an diese wichtige Zeit, denn es war auch eine künstlerisch prägende Phase in seinem Leben. Er empfand die Atmosphäre als sehr anregend und lebendig. In SoHo und Umgebung war weltweit die grösste Ansammlung von kreativen Menschen.
Im benachbarten East Village, das Jahrzehnte lang vernachlässigt war, entfaltete sich eine turbulente Kreativszene um Kenny Scharf, Keith Haring, Jean-Michel Basquiat, Steven Lack, Richard Hambleton und Judy Glanzman, um nur einige zu nennen.

Zeitzeuge Egger nimmt die Veränderungen im East Village wahr, in dem es noch günstigen Wohn- und Atelierraum gab: Die sogenannte Babyboomer-Generation war aktiv geworden. Es entstanden ungefähr fünfzig neue Galerien. Egger erinnert sich, dass jeden Abend Dutzende von Ausstellungseröffnungen stattfanden. Besonders präsent sind ihm noch die Fun Gallery, die Civilian Warfare Gallery und die International With Monument Gallery, die den frühen Jeff Koons und Ashley Bickerton ausstellte.

Die Aufbruchsstimmung und die grosse Nachfrage an Kunst im prosperierenden Manhattan belebten die Kreativität und Produktivität vieler junger Künstler. Egger besuchte die Maler der neuen Generation in ihren Ateliers und kaufte für seine Sammlung unter anderem Arbeiten von den sehr begabten und so früh gestorbenen Künstlern Luis Frangella, David Wojnarowicz und Keith Haring.

Kunst entstand nicht nur in Ateliers: Egger freute sich an den überall in Manhattan auftauchenden Graffitis Keith Harings. Haring hatte für seine Arbeit die schwarzen leeren Werbeflächen in den U-Bahnstationen entdeckt, die er mit seinen einprägsamen, comicartigen Kreidezeichnungen in rasender Schnelligkeit bedeckte (manchmal gelangen ihm 40 Zeichnungen am Tag). Der Figurenkatalog umfasst seine präzise gezeichneten Piktogramme und Kürzel: rennende, verfolgende Strichmännchen, sich begegnende Hunde, das Baby im Strahlenkranz, das sogenannte «Radiant Baby», Ufos und vieles mehr.

1980 lernte Egger Keith Haring im Mudd-Club, einem Underground Club und Szene-Ausstellungsort in TriBeCa («Triangel below Canalstreet»), einem Stadtteil südlich anschliessend an SoHo, kennen und besuchte ihn später zum Bilderkauf in seinem Atelier. Egger war beeindruckt von der künstlerischen Energie Harings. 1982 hatte Haring seine erste grosse Einzelausstellung in der Galerie Tony Shafrazi.

Von den in den Neunzigerjahren an die Öffentlichkeit tretenden Künstlern schätzt Egger besonders Tony Oursler und die Japanerin Mariko Mori, die mit ihren in die Installationen integrierten Video-Arbeiten sowohl visuell als auch auditiv neues Erleben möglich machten.

1979   Kauf des Lofts: Broadway 515

Suche nach einem Loft in SoHo. SoHo, das historische Viertel mit ehemaligem Industriegewerbe (Textilverarbeitung, Lagerräume und kleinere Maschinenfabriken) aus dem 19. Jahrhundert, war ihr bevorzugtes Stadtviertel in Manhattan. Die Architektursubstanz im Cast-Iron-Distrikt und das einzigartige Erscheinungsbild SoHos mit den Gusseisenfassaden der repräsentativen Häuser sind bis heute erhalten geblieben. Dies nicht zuletzt dank der von George Maciunas

damals gegen den Bau der Schnellstrasse LoMex begründeten Bürgerbewe-
gung. Die dekorativen und doch einfach herzustellenden Gusseisenkonstruk-
tionen waren ab 1840 bis 1890 beliebte Bausubstanz für die oft klassizistische
Fassadengestaltung. Nachdem das Industriegewerbe in andere Bezirke abge-
wandert war, zog SoHo viele Künstler und Freiberufler an, die sich in den weit-
räumigen Lofts Ateliers einrichteten. Zu der Zeit war es noch illegal, in den ehemaligen Produktionsstätten und Lagerräumen zu wohnen. Egger erinnert sich,
dass in vielen Ateliers Klappbetten standen, die bei Kontrollgängen der Auf-
sichtsbehörden schnell hinter Leinwänden versteckt werden konnten. Nach
und nach erfolgte eine Legalisierung der Lofts als Wohnraum. Donald Judd
wohnte in seinem Haus an der Springstreet 101, Alex Katz und Al Held arbeiteten am Westbroadway, Claes Oldenburg in der Howardstreet, Nam June Paik
in der Mercer Street. Jenny Holzer wohnte über den Eggers im Broadway 515.
Egger erinnert sich an viele Bekannte und Freunde wie Stephen Antonakos
und Fred Sandback, die er auf der Strasse sah oder in Restaurants traf. Die
Arbeiterkneipe Fanelli's an der Prince Street / Ecke Mercer Street und Ken's
Broome Street Bar und die Spring Street Bar wurden beliebter Treffpunkt der
Künstler.
Es fand eine Verschiebung der Galerienszene von Midtown, 57. Strasse / Madi-
son Avenue, in Richtung Süden statt. Viele Galerien zogen nach SoHo oder
richteten dort Dependancen ein: John Weber, Leo Castelli, Ileana Sonnabend,
André Emmerich und OK Harris zogen an den Westbroadway, Paula Cooper in
die Woosterstreet.

Haus am Broadway 515, SoHo

Egger war es möglich durch die Vermittlung seines Künstlerfreundes Fred
Sandback und durch die Hilfe einer Agentur, eine ehemalige Fabriketage im
fünften Stock am Broadway im Haus 515 zu kaufen, zu einer Zeit, in der die
Preise in SoHo im Vergleich zu heute noch erschwinglich waren.
Egger war begeistert vom Ambiente, der Deckenhöhe, der Weitläufigkeit, den
grossen Fenstern, den Möglichkeiten, die sich zum Leben und Arbeiten boten.
Erneut betätigte er sich als Baumeister: Er trennte den durchgehenden, durch
Säulen gegliederten Raum von 450 m² mit einer Deckenhöhe von 3,60 m der
ehemals textilverarbeitenden Produktionsstätte in zwei Teile, die er zu Lofts
umbauen liess. Der vordere, zum Broadway gelegene, fast 200 m² grosse Teil
wurde der weiträumige Wohn- und Arbeitsbereich der jungen vierköpfigen
Familie. Cora war inzwischen sieben Jahre, Alma drei Jahre alt. Im hinteren Teil
des grossen Raums wurden Bad, Schlafräume und die Küche eingerichtet. In
einem eingezogenen Zwischenstock, über eine Treppe zu erreichen, hatten

Cora und Alma ihren Spielbereich. Das zur Mercer Street gelegene Loft war durch einen langen Gang zu erreichen und wurde an Künstlerkollegen vermietet. Links des Ganges liess Egger Lagerräume für seine mittlerweile beträchtliche Anzahl an Bildern einrichten. Im Loft der Familie Egger fallen Arbeits- und Wohnbereich zusammen. Bettina Egger hatte in einem abgetrennten Raum zwischen den Lofts ihr Malatelier, in dem sie mit ihren Klienten arbeitete.

Für Egger ist es bis heute wichtig, dass er stetig wechseln kann zwischen künstlerischem Arbeiten und Leben. Im spannungsgeladenen Malprozess muss er immer wieder Pausen machen, um Abstand vom Bildgeschehen zu gewinnen und auch um Farbschichten trocknen zu lassen. In der Trockenphase wendet sich Egger alltäglichen Dingen zu: Er ist ein ausgezeichneter Koch spanischer und mediterraner Spezialitäten.

Für die nächsten acht Jahre hatte die Familie Egger ihren ständigen Wohnsitz, nur unterbrochen von Reisen und Kurzaufenthalten in der Schweiz, in diesem Loft in SoHo. Die Töchter Cora und Alma gingen in die Public School in Manhattan.

Die Sommermonate, die sie in Molinos de las Cuevas und in dem Haus in Horta verbrachten, boten einen gewünschten Kontrast zum Stadtleben in New York. Dieser Rhythmus wurde 1987 durch die Verweigerung des Aufenthaltsvisums verändert, das eine Umstrukturierung der Lebensform erforderte. Es waren nun nur noch kürzere Aufenthaltszeiten in New York erlaubt.

In den Achtzigerjahren erlebte Egger erneut eine urbane Umstrukturierung New Yorks: Wie viele Stadtviertel in New York war auch SoHo einem stetigen Wandel unterworfen. Durch die Legalisierung der Lofts und ihre Modernisierung entstand Wohnraum, dessen Preise heute zu den höchsten in New York gehören. Viele der Künstler, die die hohen Mieten nicht mehr zahlen wollten oder konnten, suchten sich Ateliers in Brooklyn. Williamsburg erfuhr einen Zustrom von Freiberuflern und Künstlern.

Die Galerien zogen nach Chelsea, in das in Hafennähe am Hudson gelegene Viertel und richteten dort in den oft riesigen ehemaligen Lagerhallen für Frachtgut ihre Ausstellungsräume ein. Egger bedauert die preisbedingte Abwanderung der einst so lebendigen Künstler- und Galerienszene aus SoHo. Er empfindet die wohl weltweit stärkste Konzentrierung von mehr als 200 Galerien in Chelsea als künstlich, als, Zitat Egger: «Galeriengetto» und kaum eingebunden ins Stadtleben New Yorks.

Das heutige urbane Bild SoHos ist geprägt durch teuerste, exklusive Designer-Geschäfte, Restaurants und Modeketten, samt der Klientel, die solches suchen.

Marc Egger in Valencia

Sitges

1994 waren Marc Egger und Andrea Zurek, die er 1990 kennengelernt hatte, nach Sitges gezogen, einem ca. 36 km südlich von Barcelona gelegenen, ehemaligen Fischerdorf. Sitges, heute ein Badeort mit historischem Stadtkern, war schon um die Jahrhundertwende ein von Künstlern bevorzugter Platz zum Leben und Arbeiten. Santiago Rusiñol, der von der Schönheit des Lichts am Mittelmeer bei Sitges so begeistert war, ist hier zu nennen neben Miguel Utrillo und Ramon Casas, der von Picasso wegen seiner zeichnerischen Fähigkeiten bewundert wurde. Picasso besuchte die älteren Künstlerkollegen in Sitges. Auch heute leben viele international bekannte Künstler in Sitges, saisonweise oder ganzjährig. Seit den Siebzigerjahren ist Egger mit dem chilenischen Zeichner und Karikaturisten Fernando Krahn befreundet. Krahns humoristische bis bitterböse Karikaturen sind seit vielen Jahren in der spanischen Tageszeitung «La Vanguardia» zu betrachten. Künstlerkollege und Freund aus alten Zeiten ist der mexikanische Maler Miguel Condé. Egger lernte ihn in Calaceite, einem Dorf in der Nähe von Horta de San Juan, kennen. Dort hatten sich Exilchilenen im Kreis um den Schriftsteller Pepe Donoso niedergelassen. Mit dem Schweizer Peter Stämpfli, der zwischen Paris und Sitges pendelt, ist Egger seit einer gemeinsamen Ausstellung in Thun bekannt. Neugewonnene Kollegen wie der Aragonese Humberto Tran erweitern den Freundeskreis.

Fernando Krahn, Roberto Llimos und Marc Egger bei Eggers Feier zum siebzigsten Geburtstag
2. Reihe v.l.n.r.: Humberto Tran, Trini Estop-Tran, Carola Condé

Die Nähe zur lebendigen katalanischen Metropole Barcelona und dem reichen Angebot an Museums- und Galerieausstellungen war für Egger bei der Wahl seines Wohnsitzes entscheidend. Barcelona ist für ihn mit der Lage am Mittelmeer eine der schönsten und kulturell anregendsten Städte Europas.

Egger ist sehr an Geschichte und ihren jeweiligen architektonischen Relikten interessiert. Deshalb geniesst er es immer wieder, den historischen Stadtkern, das «Barrio Gótico» wie es auf Spanisch heisst, zu durchstreifen. Er findet die Ansammlung von Architekturzeugnissen auf solch engem Raum einmalig. Festgefügte Mauern aus der Römerzeit stehen neben Gebäuden aus der romanischen und gotischen Epoche. Aus der romanischen Zeit schätzt Egger die an der Plaza del Rey gelegenen Gebäude am meisten wegen ihrer strengen, ausgewogenen Proportionen.

Die Bauwerke des Modernismo, die sehr eigene katalanische Variante des Jugendstils, sind überall im Stadtbild zu sehen. Egger interessiert vor allem die einzigartige Architektur von Antonio Gaudí. Er bedauert die neuesten Arbeiten an dem nicht beendeten Sakralbau der «Sagrada Familia», die er in der Ausführung als nicht Gaudís Architekturidee entsprechend bewertet. Von den Profanbauten Gaudís schätzt Egger im Besonderen die Casa Batlló, die Casa Milà und die fast surreal anmutende Parkanlage Parque Güell. Auch die Casa Ametller sowie der Pavillon der Weltausstellung 1929 von Ludwig Mies van der Rohe empfindet Egger als grosse architektonische Bereicherung der Stadt. Auch besucht Egger gerne die diversen Museen wie das MNAC (Museo Nacional d`Art de Catalunya) oder das MACBA (Museu d`Art Contemporani de Barcelona).

Freundschaftliche Kontakte pflegt er zu den in Barcelona lebenden Künstlern Antoni Llena, Jaume Plensa, Miguel Rasero und Roberto Llimos, von denen er auch Arbeiten für sich oder für den Art Cake kaufte.

Nach dem schweren Infarkt 2003 bot der ruhige Ort Sitges dem genesenden Marc Egger Ruhezeiten. Er reiste nach der Erholung in die Umgebung von Barcelona, zum Beispiel nach Valencia, um u.a. den Architekturkomplex Santiago Calatravas «La Ciudad de las Artes y de las Ciencias» («Die Stadt der Künste und der Wissenschaften», Abb. S. 80) zu besichtigen.

Am 24. Februar 2009 vollendete Marc Egger sein siebzigstes Lebensjahr. Er feierte mit Freunden und Kollegen in Sitges.

Das Museum Bickel in Walenstadt zeigte in seinem grosszügigen Ausstellungsraum eine Retrospektive Eggers mit über sechzig Bildern und fünf Skulpturen.

Während der Ausstellung fand ein reiches Kulturprogramm statt. Bei der Finissage liess sich der Interpret, Komponist und Dirigent Enrico Lavarini vor Eggers Bildern zu Improvisationen auf der Flöte inspirieren. Lavarini empfindet viele Bilder Eggers als «schwebend und gleichzeitig lebendig, aber nicht laut plakativ». Diesen Eindruck gab er in seinem virtuosen Spiel mit verhalten zart lyrischen Tönen, die sich zu heftigen Ballungen steigern konnten, wieder. Auch während des Konzertes wurde das Licht gelöscht. Farb- und Musikeindrücke steigerten sich im Ausdruck und öffneten Dimensionen zu bewegenden akustischen und optischen Erlebnissen.

Im Dezember findet in der städtischen Galerie Miramar in Sitges eine weitere Retrospektive Eggers statt.

Marc Egger – Luministische Kunst

Radar, 1967, Acryl auf Plastik, 50 x 70 cm, Kat. Nr. 199

Tageslicht

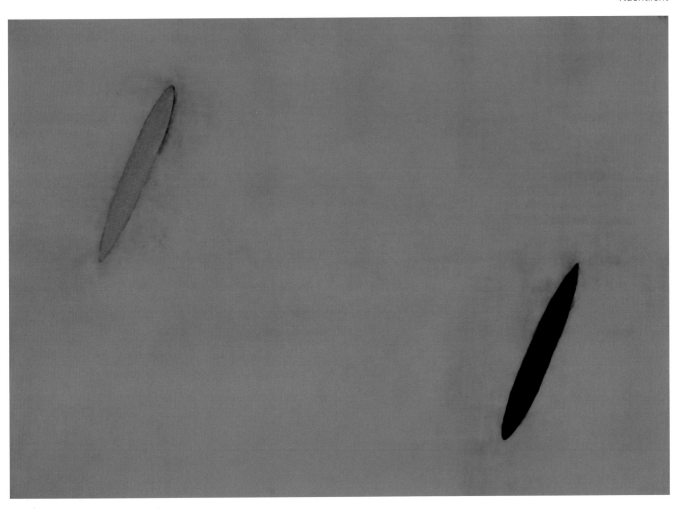

Spiral I, 1979, Acryl auf Plexiglas, 200 x 30 x 30 cm, Kat. Nr. 250

Tageslicht

Nachtlicht

Tageslicht

Nachtlicht

Aries, 1977, Acryl auf Leinwand, 100 x 150 cm, Kat. Nr. 419

Tageslicht

Argon, 1977, Acryl auf Leinwand, 120 x 175 cm, Kat. Nr. 250
Sammlung Banco del Gottardo, Lugano

Tageslicht

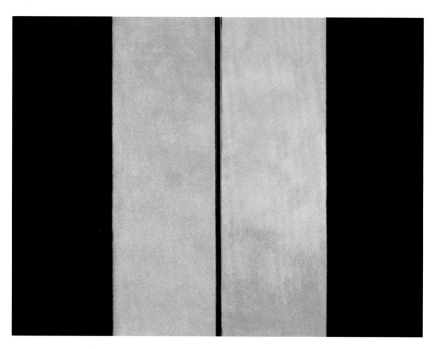

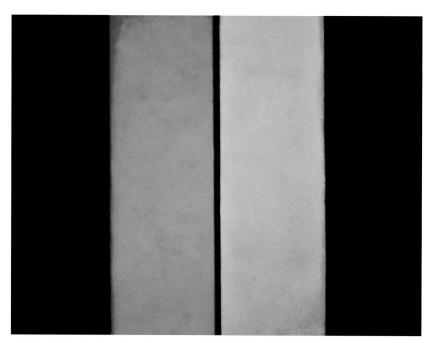

Nachtlicht

Tageslicht

Nachtlicht

Tundra, 1980, Acryl auf Papier, 35 x 48 cm, Kat. Nr. 454
Collection Andrea Gantenbein, Zürich

Tageslicht

Horta de San Juan, 1980, Acryl auf Leinwand, 125 x 100 cm
Collection Mona Muñoz, New York

Tageslicht

Guggenheim, 1981, Acryl auf Leinwand, 125 x 165 cm, Kat. Nr. 462

Tageslicht

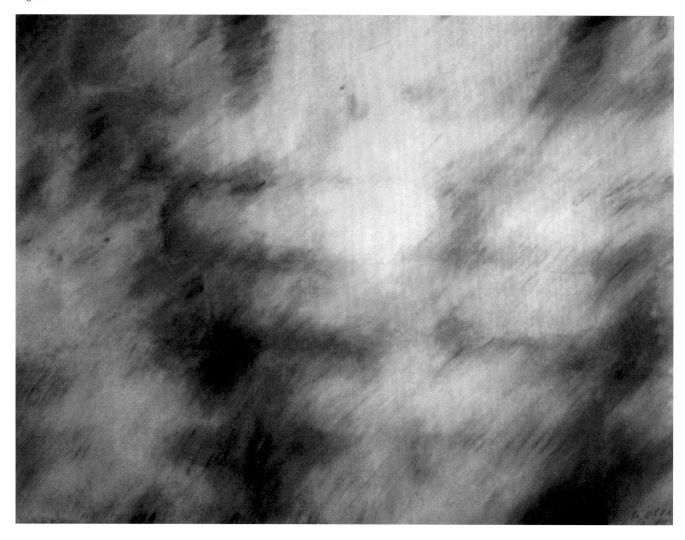

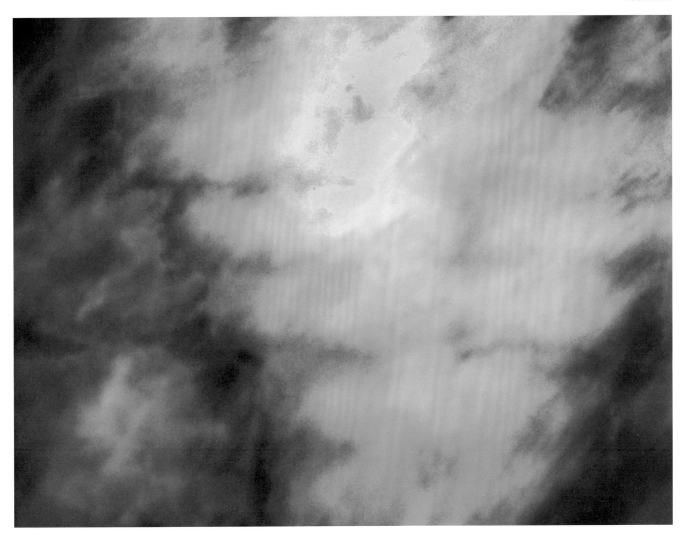

Big Star, 1982, Acryl auf Leinwand, 170 x 120, Kat. Nr. 515
Collection Marie Louise Wirth, Zürich

Tageslicht

Entrance I, 1982, Acryl auf Leinwand, 170 x 210 cm, Kat. Nr. 527

Tageslicht

Coto, 1982, Acryl auf Leinwand, 70 x 55 cm, Kat. Nr. 533
Collection Margrit Hagmann

Tageslicht

Clouds, 1982, Acryl auf Papier, 56 x 76 cm, Kat. Nr. 603

Tageslicht

Nachtlicht

Tageslicht

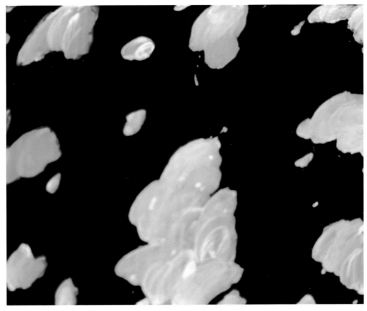

Nachtlicht

Daidalos, 1983, Acryl auf Plexiglas, 156 x 450 x 460 cm, Kat. Nr. 443

Tageslicht

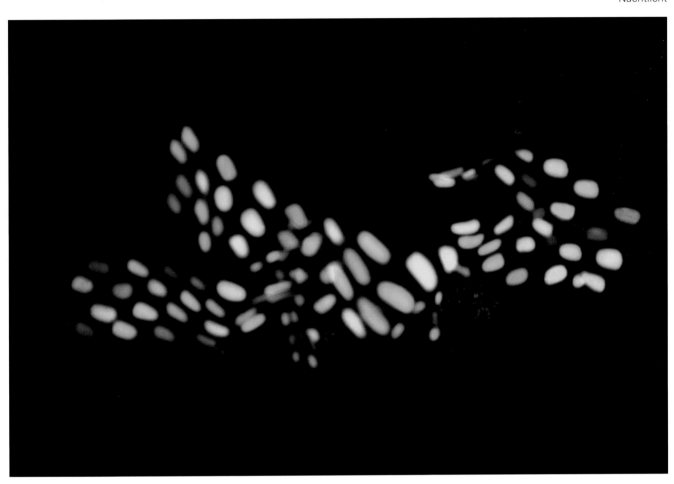

Ikaros, 1983, Acryl auf Plexiglas, 222 x 330 x 340 cm, Kat. Nr. 444

Tageslicht

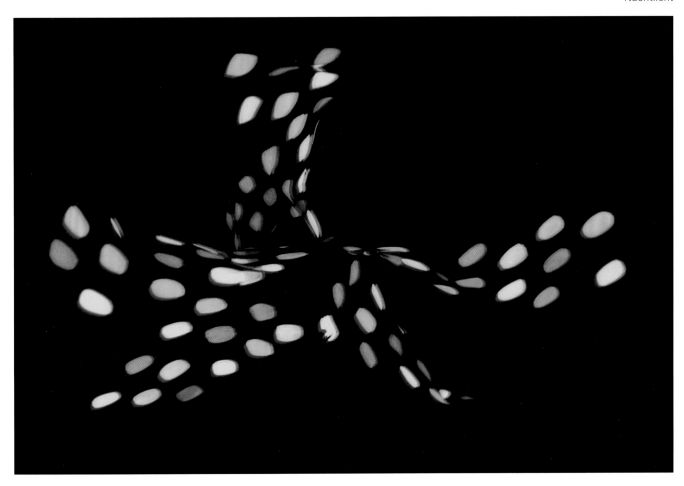

Flamenco, 1984, Acryl auf Leinwand, 128 x 100 cm, Kat. Nr. 665

Tageslicht

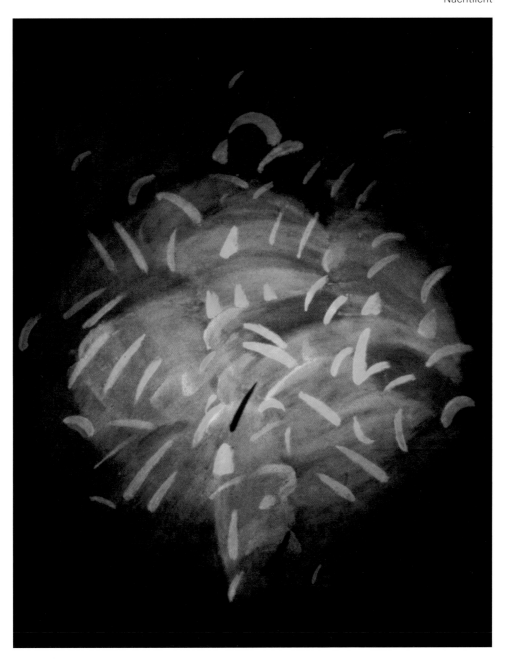

Tageslicht

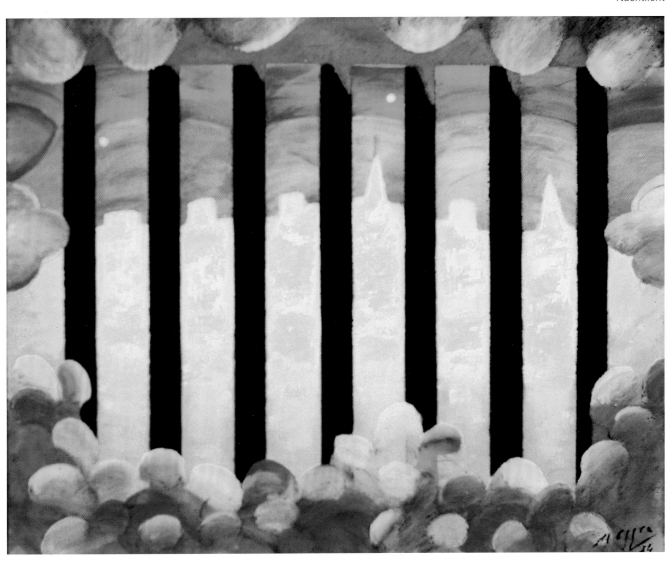

The Blue Planet, 1985, Acryl auf Leinwand, 100 x 125 cm, Kat. Nr. 678

Tageslicht

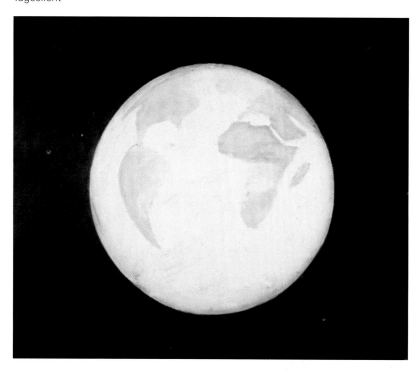

Nachtlicht

Tageslicht

Nachtlicht

Malinalco, 1986, Acryl auf Leinwand, 100 x 125 cm, Kat. Nr. 705
Sammlung Trudy Vogt, Zürich

Tageslicht

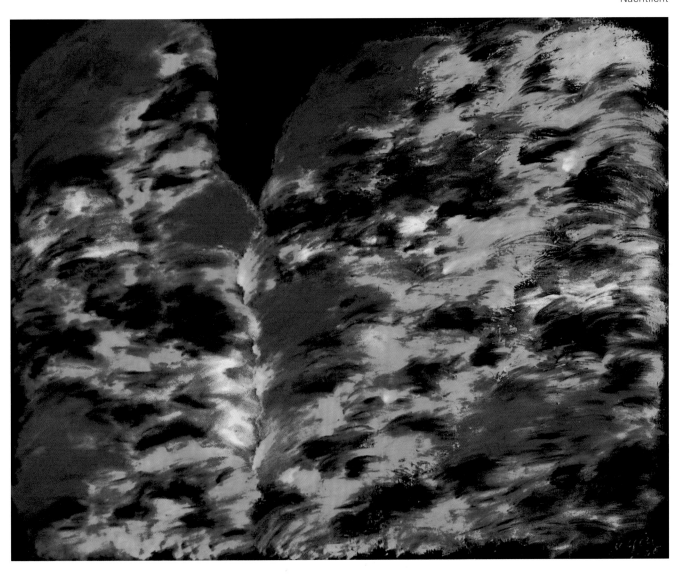

Reflection I, 1986, Acryl auf Leinwand, 100 x 125 cm, Kat. Nr. 708

Tageslicht

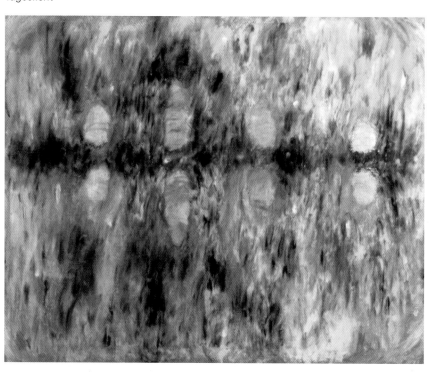

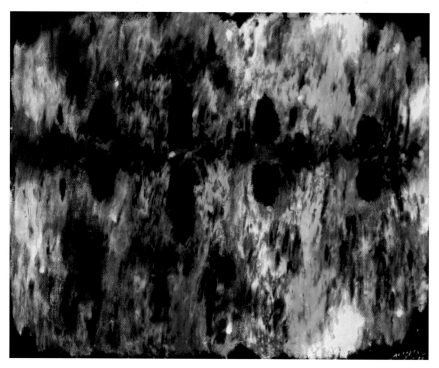

Nachtlicht

Red House Reflection, 1986, Acryl auf Leinwand, 100 x 125 cm, Kat. Nr. 710

Tageslicht

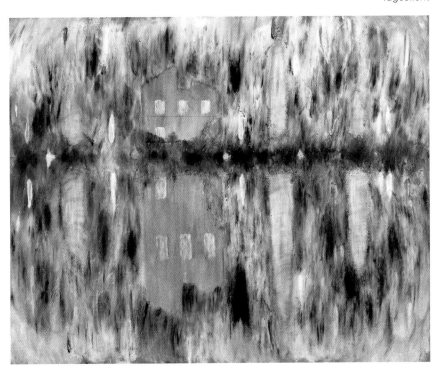

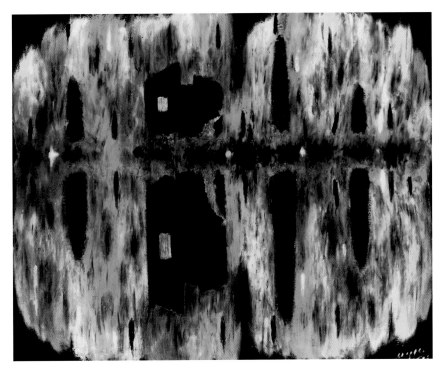

Nachtlicht

Luminous Landscape, 1987, Acryl auf Papier, 76 x 56 cm, Kat. Nr. 761

Tageslicht

View from Horta, 1988, Acryl auf Leinwand, 100 x 125 cm, Kat. Nr. 808

Tageslicht

Camino a Lledó, 1988, Acryl auf Leinwand, 100 x 125 cm, Kat. Nr. 814

Tageslicht

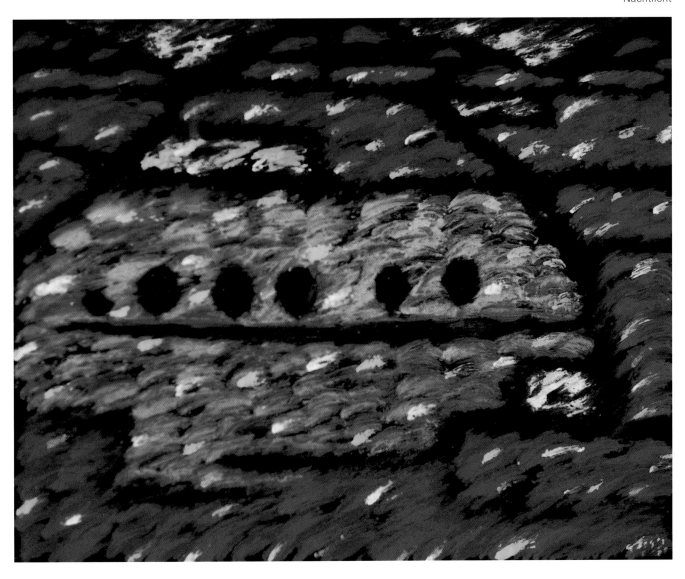

Red Prospect, 1989, Acryl auf Leinwand, 100 x 125 cm, Kat. Nr. 821

Tageslicht

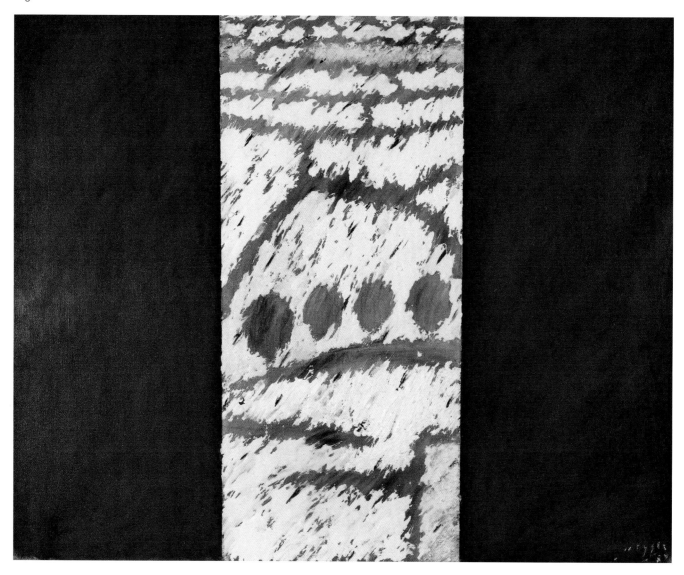

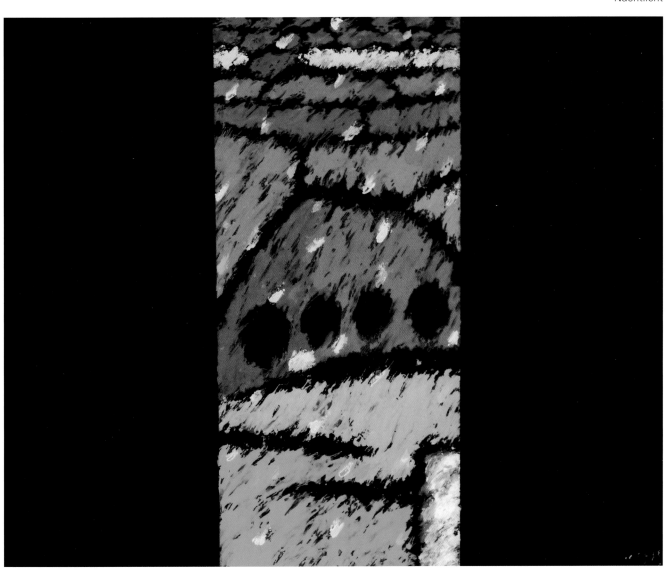

Flagpole IV, 1991, Acryl auf Leinwand, 130 x 162 cm, Kat. Nr. 878

Tageslicht

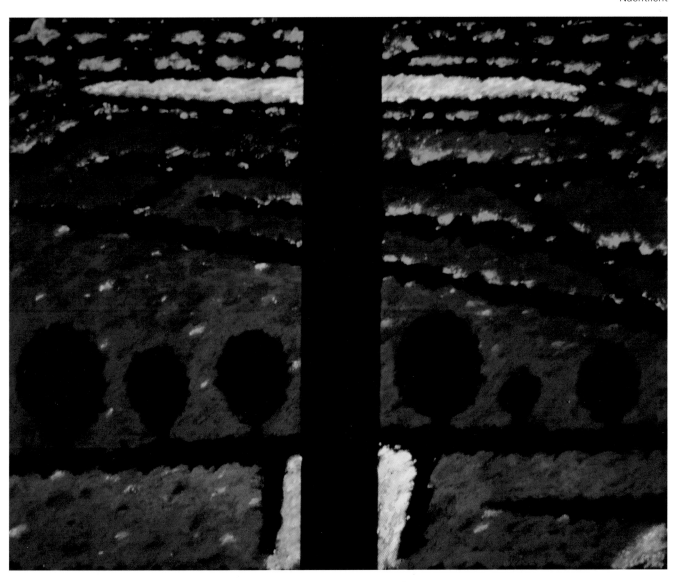

Viaje Nocturno, 1991, Acryl auf Papier, 56 x 76 cm, Kat. Nr. 893

Tageslicht

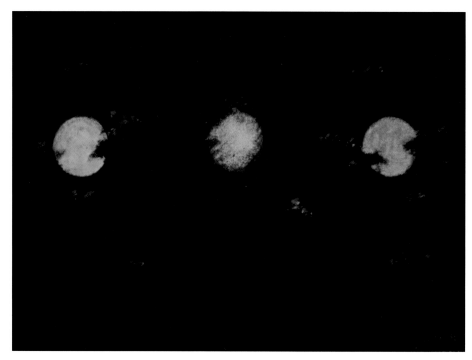

Nachtlicht

Tageslicht

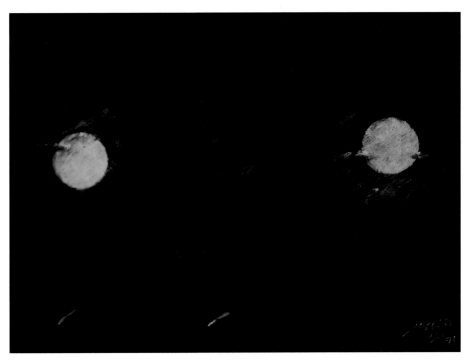

Nachtlicht

Uruk Cosmos, 1993, Acryl auf Leinwand, 45 x 55 cm, Kat. Nr. 982

Tageslicht

Adab Cosmos, 1994, Acryl auf Leinwand, 65 x 52 cm, Kat. Nr. 1012

Tageslicht

Nachtlicht

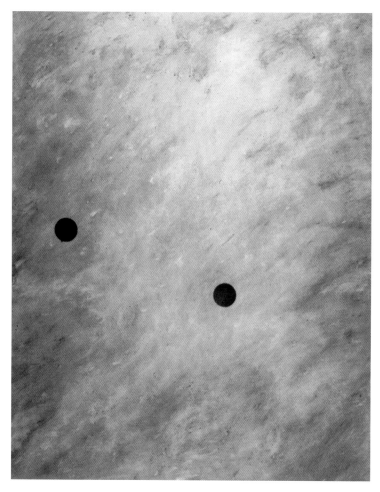

Tageslicht

Nachtlicht

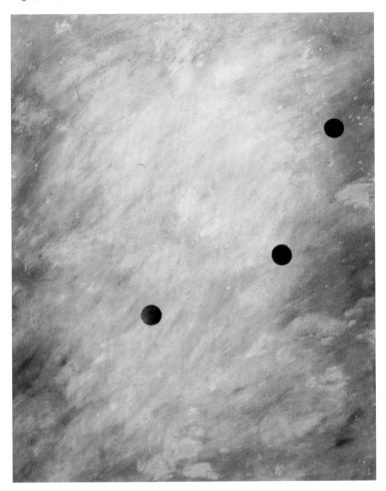

Globe 1019, 1994, Acryl auf Styroform, 45 x 45 x 45 cm, Kat. Nr. 1019

Tageslicht

Nachtlicht

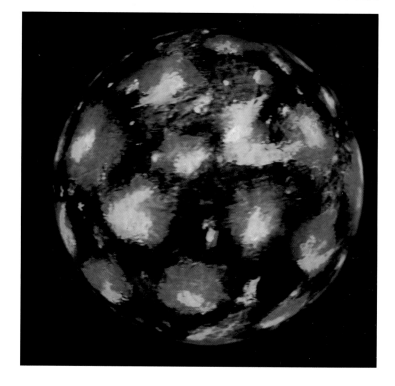

Tageslicht

Nachtlicht

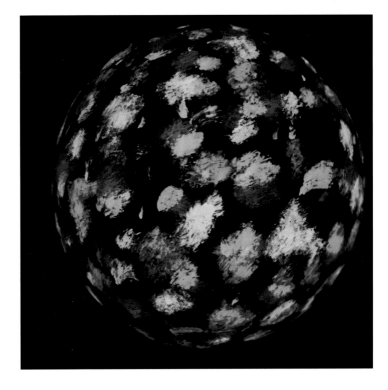

New Worlds, 1995, Acryl auf Leinwand, 97 x 130 cm, Kat. Nr. 1138

Tageslicht

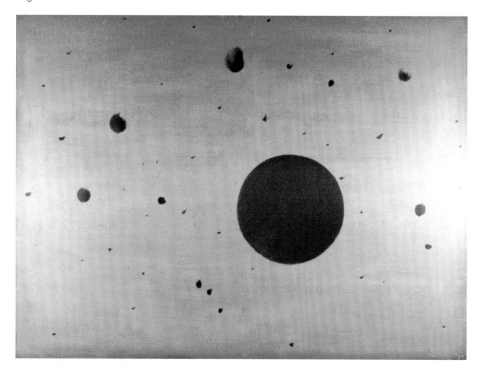

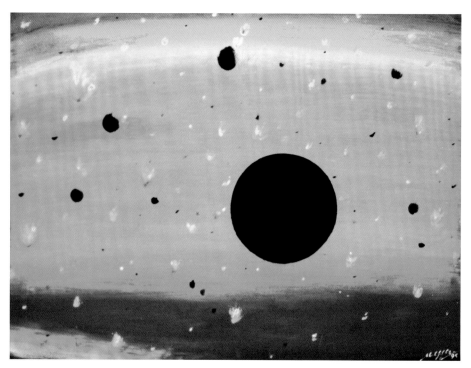

Nachtlicht

Tageslicht

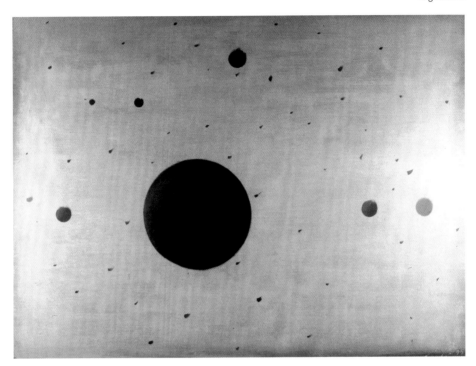

Nachtlicht

New Worlds, 1995, Acryl auf Leinwand, 140 x 175 cm, Kat. Nr. 1148

Tageslicht

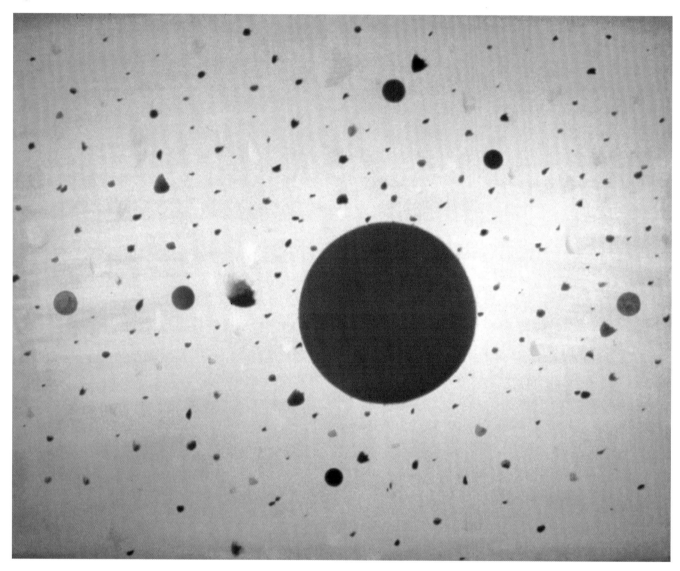

New Horizons, 1996, Acryl auf Leinwand, 130 x 162 cm, Kat. Nr. 1192

Tageslicht

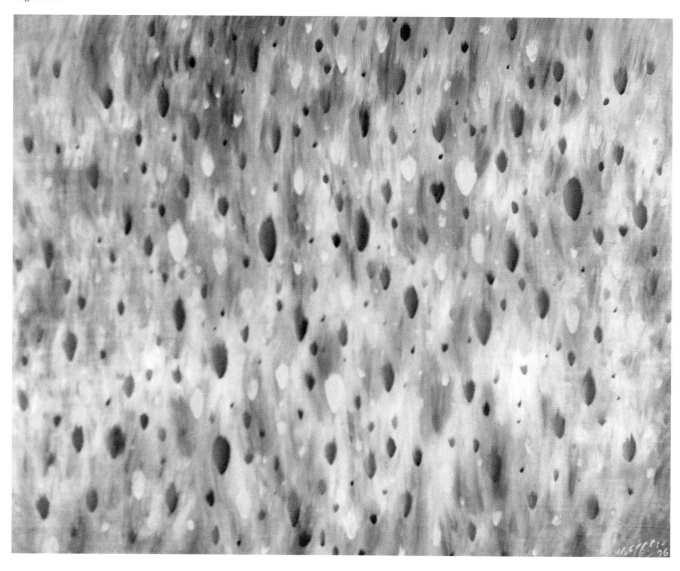

New Horizons, 1996, Acryl auf Leinwand, 97 x 130 cm, Kat. Nr. 1206

Tageslicht

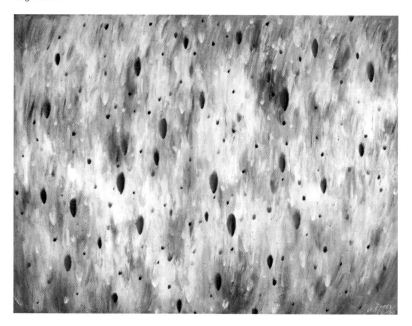

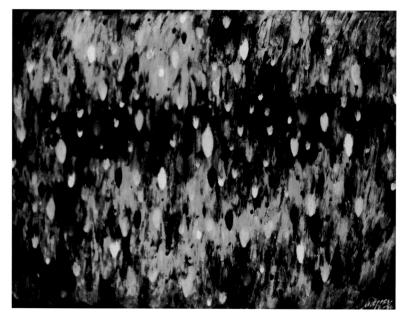

Nachtlicht

Tageslicht

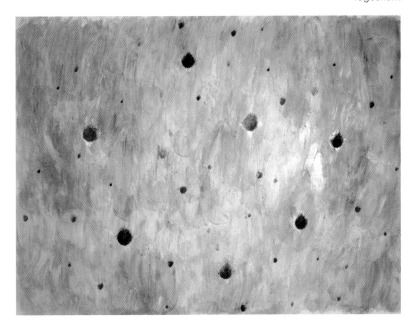

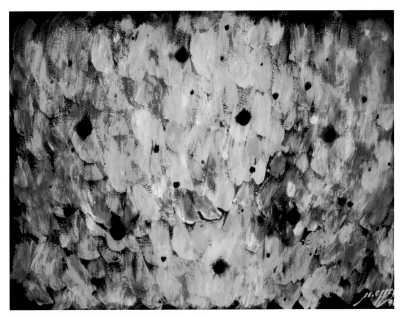

Nachtlicht

Tageslicht

Magic Mountain, 2000, Acryl auf Papier, 57 x 76 cm, Kat. Nr. 1332

Tageslicht

Nachtlicht

Tageslicht

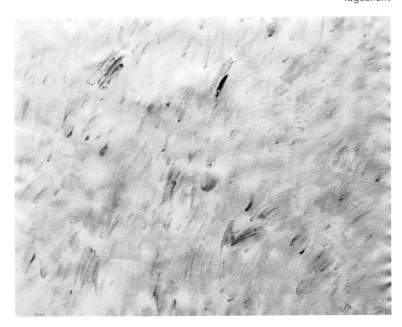

Nachtlicht

South-West, 2000, Acryl auf Papier, 57 x 76 cm, Kat. Nr. 1351

Tageslicht

Morning, 2000, Acryl auf Leinwand, 65 x 81 cm, Kat. Nr. 1367

Tageslicht

Nachtlicht

Tageslicht

Nachtlicht

Prealpes, 2001, Acryl auf Leinwand, 142 x 187 cm, Kat. Nr. 1409

Tageslicht

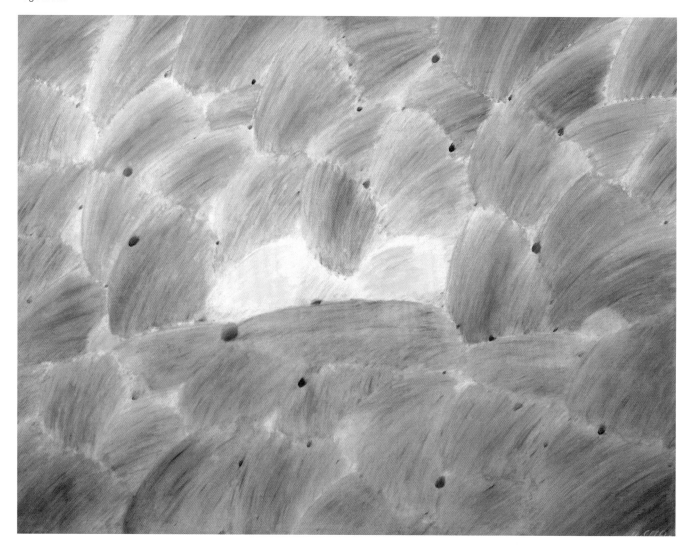

Triad, 2002, Acryl auf Papier, 45 x 56 cm, Kat. Nr. 1431

Tageslicht

Nachtlicht

Tageslicht

Nachtlicht

Spherical Phenomenon, 2002, Acryl auf Leinwand, 130 x 162 cm, Kat. Nr. 1439

Tageslicht

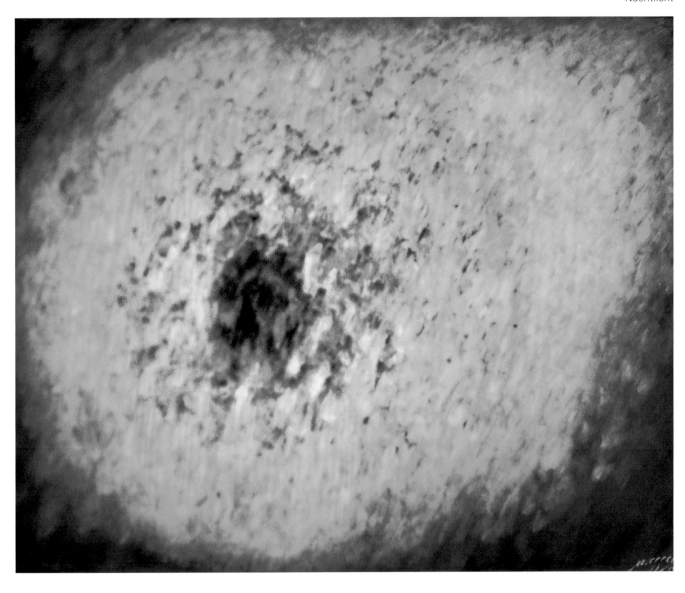

Luminous Landscape, 2002, Acryl auf Leinwand, 61 x 82 cm, Kat. Nr. 1460

Tageslicht

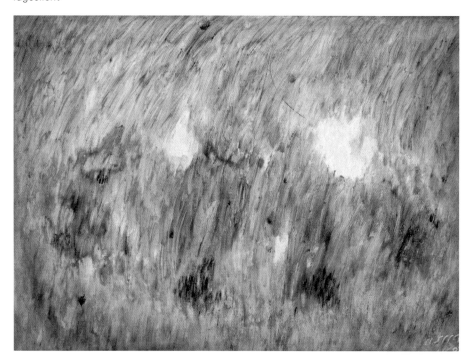

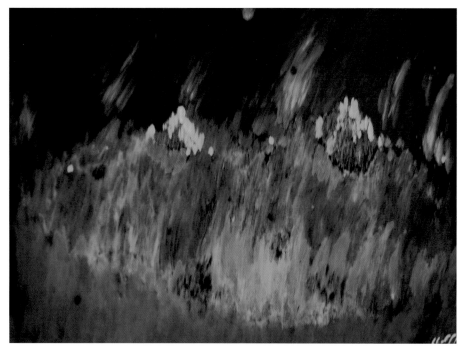

Nachtlicht

Tageslicht

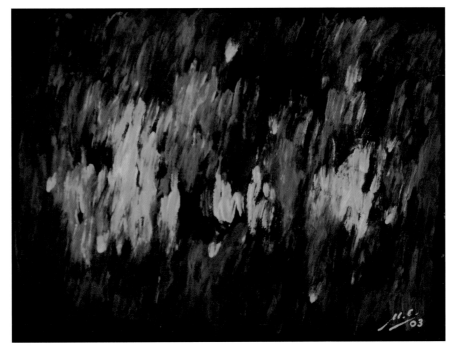

Nachtlicht

Constellation, 2004, Acryl auf Leinwand, 100 x 81 cm, Kat. Nr. 1522

Tageslicht

Stellar Landscape, 2004, Acryl auf Papier, 29 x 41 cm, Kat. Nr. 1534

Tageslicht

Nebula Espirel, 2005, Acryl auf Leinwand, 100 x 81 cm, Kat. Nr. 1548

Tageslicht

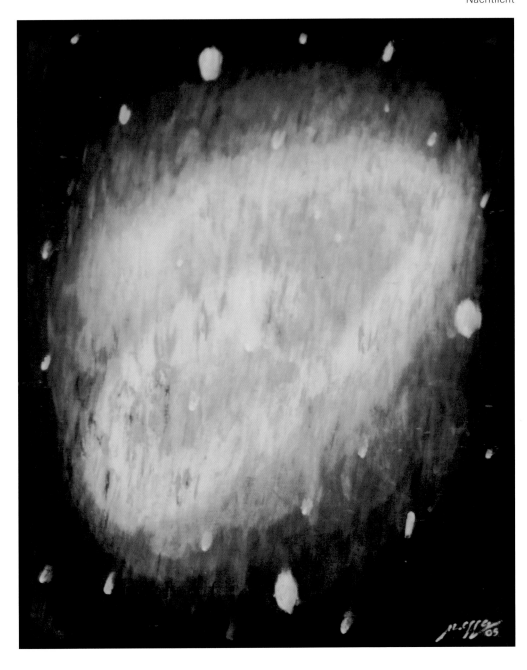

Constellation, 2006, Acryl auf Leinwand, 130 x 97 cm, Kat. Nr. 1585

Tageslicht

Cluster, 2006, Acryl auf Papier, 29 x 42 cm, Kat. Nr. 1590

Tageslicht

Fragment, 2007, Acryl auf Leinwand, 130 x 162 cm, Kat. Nr. 1609

Tageslicht

Tageslicht

Outer Space XI, 2008, Acryl auf Leinwand, 116 x 97 cm, Kat. Nr. 1668

Tageslicht

Marc Egger – Biografie

1939–1946 Am 24. Februar 1939 wird Marc Egger in Glarus geboren. Er verlebt seine Kindheit und Adoleszenz in einem Weiler bei Mühlehorn, ca. 60 km süd-östlich von Zürich. Das Elternhaus, ein grosses, herrschaftliches Steinhaus, Grossgut genannt, mit in der Nähe gelegenen Stallungen, liegt in einer charakterreichen Gebirgslandschaft – man sieht die Churfirsten und den Sichelkamm – am Ufer des Walensees.

Elternhaus in Mühlehorn

Das grosse, verwinkelt gebaute Haus bietet dem Einzelkind Marc viele Möglichkeiten, sich in eine reiche Fantasiewelt zurückzuziehen und unbefangen zu spielen. Er hat Raum und Zeit, seinen Lieblingsbeschäftigungen wie Basteln und Zeichnen nachzugehen. Egger beschreibt seine Kindheit in den Schweizer Bergen als ruhig und wenig abwechslungsreich: Der Tagesablauf wird bestimmt durch die anfallende Arbeit im Haus, auf dem Hof, dem Feld und in den Stallungen. Höhepunkte sind die Besuche des Vaters, der kriegsbedingt zum Militärdienst eingezogen worden war.

Früh richtet sich die Aufmerksamkeit des aufgeweckten Kindes auf die Aussenwelt, auf das Leben im Hof und die ländliche Umgebung. Mit einem Zeichenblock ausgestattet, skizziert er die Tiere des Hofes; besonders gerne zeichnet er Spinnen mit filigranen Beinen.

Vater Peter Egger
und sein Sohn Marc, 1942

Ferienaufenthalte in Zürich und Basel bei Verwandten seiner Mutter bringen ihm auch das Stadtleben näher: Bunte Reklametafeln, Kinobesuche, der Kontakt mit Stadtkindern und deren Aktivitäten vermitteln ihm einen ersten Eindruck des urbanen Alltags.

Ausgiebig erkundet Marc die Ufer- und Gebirgslandschaft. In späteren Jahren findet er Anerkennung als Orientierungsläufer. Wie so viele Jugendliche aus den Schweizer Bergen widmet er sich ausgiebig dem Skilauf. Seine aussichtsreiche Karriere als Skirennläufer – er nimmt erfolgreich an vielen nationalen und internationalen Rennen teil – wurde leider durch einen Unfall vorzeitig beendet.

1946–1955 Nach dem Besuch der Primarschule in Mühlehorn fährt Marc Egger winters wie sommers mit dem Fahrrad zum Unterricht in die Sekundarschule in Unterterzen. Er geht gerne zur Schule und geniesst die Anregungen des Unterrichts. In seiner Freizeit kopiert er häufig Abbildungen aus Kunstbüchern. Künstlerische Inspiration empfängt er auch durch Reproduktionen von

Marc Egger, 1942

Egger als Skiläufer, 1958

Marc Egger vor dem Mailänder Hauptbahnhof, 1960

Landschaften Vincent van Goghs, Ernst Ludwig Kirchners und Giovanni Segantinis, die seine kunstinteressierte Mutter im Wohnhaus aufhängte und die seine Auffassung von Malerei prägten.

1955–1959 Nach Abschluss der Sekundarschule entscheidet sich der Sechzehnjährige seinem Interesse für die Malerei nachzugehen und beginnt ein Studium der angewandten und freien Kunst an der Kunstgewerbeschule in Zürich. Egger absolviert die Grundausbildung mit grossem Einsatz; neben den Fächern Zeichnen, Malen, Komposition besucht er die Kurse Modellieren und Typografie. Marc Egger lässt sich zum Gebrauchsgrafiker ausbilden, arbeitet aber nur wenig in diesem Beruf, da seine Begeisterung der Malerei gilt. Er schätzt seine Lehrer, die ihre Schüler in der Theorie unterweisen, aber auch bei der Lösung gestalterischer Aufgaben helfen. Einer der wichtigsten Lehrer ist Serge Stauffer, ein aufgeschlossener Gesprächspartner für Diskussionen über moderne Kunst. Egger setzt sich intensiv mit den Ideen Duchamps, mit der dadaistischen Bewegung und der Kunst der klassischen Moderne auseinander. Die Maler der Brücke und des Blauen Reiters, die Abstrakten und die Bilder Picassos inspirieren ihn. Egger ist beeindruckt von der Malerei der Abstrakten Expressionisten, die er in der Ausstellung «Moderne amerikanische Malerei» im Kunstmuseum von St. Gallen zum ersten Mal im Original sieht.

In der Studienzeit entstehen eigenständige Kompositionen und Landschaftsbilder mit abstrakt dekorativem Charakter und manchmal surrealem Inhalt. Erhalten sind u.a. «Cold Landscape», «Ahriman», «Transzendentes Arsenal» «Kommunikation», «Der Traum Pugatchows» (Abb. S. 23, 24, 25, 26, 27).

1959 begründet Egger seine Sammlung moderner innovativer Kunst mit dem Kauf eines Bildes von Josef Albers aus der Serie «Hommage an das Quadrat», vorerst noch mit der finanziellen Unterstützung seiner Mutter. Im Laufe der Jahre erwirbt er Werke von zum Teil noch unbekannten Künstlern, die heute Weltruf geniessen: Andy Warhol, Roy Lichtenstein, Keith Haring, Josef Beuys, Antoni Tàpies, Lucio Fontana und andere.

1960 Nach Beendigung des Studiums bricht Egger zu seiner ersten Amerikareise auf. Sieben Monate reist er mit seinem ebenso kunstbegeisterten Freund Christian Schmidt vom Ausgangsort New York über Texas nach Mexiko, weiter nach Kalifornien und zurück nach New York. Dort mietet er sich für fünf Monate ein Apartment in der Upper West Side in der Nähe vieler Kunstgalerien. Er ist begeistert vom Angebot an Museen und Galerien und vom künstlerisch anregenden Leben in New York. Egger findet Kontakt zur internationalen Avantgarde – die Abstrakten Expressionisten Franz Kline, Mark Rothko, Barnett Newman gehören zu seinen Freunden, Marcel Duchamp besucht er in seiner Wohnung. Weitere Künstlerfreundschaften finden in dieser Zeit ihren Anfang.

1961 Nach der Rückkehr von New York wohnt Egger wieder im Elternhaus in Mühlehorn. Dort richtet er sich ein Atelier ein, verarbeitet die gewonnenen Eindrücke in schriftlichen Aufzeichnungen und Bildern in einem abstrakt-surrealen Darstellungsstil.

1962 studiert Egger in Salzburg und reist während mehrerer Monate zu verschiedenen Hauptstädten Europas auf der Suche nach einem künstlerisch inspirierenden Wohnort. Er verbringt jeweils mehrere Wochen in verschiedenen deutschen Grosstädten sowie in Paris, Rom, Wien und London. Egger entscheidet sich für Paris als Lebens- und Studienort, wo er mehr als ein halbes Jahr im Quartier Latin wohnt. Vor den Kunstwerken im Louvre bildet er sich weiter in Malerei und Kunstgeschichte. Er lernt die informellen Künstler der Ecole de Paris kennen und trifft Jean-Paul Sartre und Simone de Beauvoir.

In der Fotozeitschrift «Magnum» entdeckt Egger die Werbeabbildung eines Jaguars, die ihn dazu anregt, Autos und Flugzeuge als Motive einer Bildserie zu verwenden. In seinem Atelier in Mühlehorn entsteht in den folgenden Jahren die Werkreihe unterschiedlicher Autotypen und Flugzeuge in einem der Pop-Art verwandten Stil.

1963 fährt Egger für einen zweiten, sechsmonatigen Arbeitsaufenthalt nach New York. Er wohnt im Künstler- und Studentenviertel rund um die dreizehnte Strasse, wo er die Veränderungen der Kunstszene in New York wahrnimmt: die Ablösung des Abstrakten Expressionismus und den Beginn und die Weiterentwicklung der Pop-Art. In den Galerien sieht er die neuen Bildinhalte aus Konsum und Werbung, neue Ausdrucksformen wie die Assemblage, Rauschenbergs Collagen und das «combine painting». Egger lernt Andy Warhol, Roy Lichtenstein, Jasper Johns und Robert Rauschenberg kennen.

Während eines Aufenthalts in Mailand im gleichen Jahr trifft er Wayne Thiebaud, den bedeutenden Vorläufer der Pop-Art Kaliforniens, und seinen Schüler Mel Ramos. Zu Mel Ramos und seiner Frau Leta, einer originellen Künstlerin, entwickelt sich eine bis heute andauernde Freundschaft, die später durch die Nachbarschaft im katalanischen Dorf Horta de San Juan noch vertieft werden sollte.

Egger bereist Spanien mit einem amerikanischen Bekannten, der die Lebensstationen Picassos – seine Geburtsstadt Málaga, die Studienorte Barcelona und Madrid – kennen lernen möchte. Eine besondere Wirkung auf den jungen Künstler übt das damals sehr abgelegene Dorf Horta de San Juan aus, in dem Picasso 1898 bis 1899 und 1909 prägende Zeiten verbrachte.

1964 lässt sich Egger für einen achtmonatigen Aufenthalt in Rom nieder. Er bezieht eine kleine Wohnung in der Via Bagutta in der Altstadt. Am Anfang gefällt Egger der lockere, südeuropäisch geprägte Lebensstil der Römer. Er verkehrt mit den Künstlern des Kreises um Plinio de Martiis, Besitzer der Galerie Tartaruga, die ihn allerdings später wegen ihrer Intrigen enttäuschen sollten. Die Künstler und Intellektuellen begegnen sich zum Gespräch im Café Rosati an der Piazza del Popolo, später geht man in das Restaurant Bolognese zum Essen. Er trifft auch die Künstler Jannis Kounellis und Cy Twombly und sieht seinen Freund Mel Ramos wieder. In Turin besucht er Mario Merz.

Seine Kenntnisse der Renaissancemalerei vertieft Egger durch Besuche der Vatikanischen Museen, der Sixtinischen Kapelle und der Stanzen des Raffael.

1965 Egger fährt das dritte Mal nach New York, diesmal für vier Monate. Er findet ein Zimmer in einer Pension in der dreizehnten Strasse und wird Zeuge der künstlerischen Aufbruchsstimmung.

In Andy Warhols Factory und in Max's Kansas City diskutiert er mit Künstlern und Schriftstellern; im Electric Circus hört er die Musik von Velvet Underground. Graffiti werden an U-Bahn-Züge gesprayt, die Thesen des Medientheoretikers Marshall McLuhan finden ihre Verbreitung. Egger erlebt die ersten Happenings Allan Kaprows, George Maciunas Fluxus-Aktionen und die Cello-Performances Charlotte Moormans mit. Neben Nam June Paik lernt er auch Philip Glass kennen und besucht Konzerte von John Cage. Egger sieht die Gipsarbeiten George Segals – die ersten Environments. Er lernt die junge Künstlergeneration von Minimal und Conceptual Art kennen und befreundet sich mit Donald Judd, Dan Flavin, Carl André, Robert Ryman und Lawrence Weiner.

1966 zieht Marc Egger nach Zürich. Er verfolgt die Entwicklung der Pop-Art in der Galerie Bruno Bischofberger, die auch mit Eggers Bildern handelt. Für den Galeristen stellt Egger eine Ausstellung italienischer Gegenwartskunst zusammen. In der Galerie Aimé Maeght sieht Egger Werke spanischer Künstler.
Er pflegt Kontakt zur Gruppe um den konkreten Künstler und Architekten Max Bill, zu Richard P. Lohse, Camille Graeser und zum Dichter der konkreten Poesie, Eugen Gomringer. Das legendäre und traditionsreiche Café Odéon am Bellevue, in dem schon Lenin gesessen hatte und in dem die Dadaisten während des Ersten Weltkrieges ihre Zusammenkünfte hatten, wird von Egger und seinen Freunden (wie z.B. Christian Schmidt, dem Sammler Maurice Leuenberger, dem Fotografen Bruno Hubschmid und Marlies und Helmut Küste) gerne besucht.

Im selben Jahr wird ein Teil seines Frühwerks in der Berkeley Gallery in Kalifornien ausgestellt.

Marc Egger in Zürich, 1970

1967 In einer von Heiner Friedrich organisierten Ausstellung im Museum für Moderne Kunst in Frankfurt hängt auch Eggers Serie der Autobilder.

Während einer Schiffsreise wird Egger zu einer entscheidenden Neuerung in seinem Werk inspiriert. Auf dem Radarschirm der Kommandobrücke sieht er das Erscheinungsbild zweier Schiffe. Diesen Eindruck setzt er malerisch in abstrakten Kompositionen um.

Marc Egger entdeckt die Wirkung von phosphoreszierenden Pigmenten als Malmittel und beginnt mit diesen Farben, die Licht absorbieren und in der Dunkelheit aussenden, zu experimentieren. «Radar» (Abb. S. 84) ist das erste Bild, das er mit nachleuchtenden Pigmenten malt. Seit 1967 arbeitet Egger nur noch mit phosphoreszierenden Pigmenten und entwickelt mit ihnen die «Luministische Malerei». Seine Bilder werden fortan bei Tages- oder Kunstlicht und in der Dunkelheit präsentiert. Egger schafft in der Luministischen Malerei eine Entsprechung seiner Weltanschauung: «Change is hope».

In Zürich lernt er 1967 die Grafikerin und Malleiterin Bettina Honegger kennen, Tochter des Zürcher Malers Gottfried Honegger und seiner Frau, der vielseitigen Künstlerin Warja Lavater, die als Grafikerin und Illustratorin besonders durch ihre Leporellos und ihre auf Piktogrammen basierende Zeichensprache bekannt ist. Bettina Honegger hatte sich in Paris bei Arno Stern zur Malleiterin

Egger auf selbstgebautem Bett mit Werken seiner Sammlung
V.l.n.r.: Bilder von Kline, Warhol, Fontana, Castellani, Rosenquist und Hockney

**Ausstellung Städtische Galerie
Kornhaus Baden, 1970**

ausbilden lassen und sich in Zürich ein eigenes Atelier für «Ausdrucksmalen», später «Begleitetes Malen» genannt, eingerichtet. Sie lebt heute in Zürich als Autorin und Leiterin des Instituts für Humanistische Kunsttherapie.

1968 heiraten Bettina Honegger und Marc Egger. Sie richten sich in Zürich eine Wohnung mit Atelier in der Feldeggstrasse 21 ein. Nach der Heirat reisen Marc und Bettina Egger längere Zeit durch Amerika: Die Route geht von New York nach Kalifornien, weiter durch Mexiko. In Yucatan besichtigen sie die Mayatempel von Tulum. Über das tropische Inland (Palenque, Chichen Itza etc.) fahren sie bis nach Guatemala, wo sie die damals fast noch nicht freigelegte, riesige Tempelstadt von Tikal in einer abenteuerlichen Reise besuchen.

1968 Egger experimentiert in seinem Atelier in Zürich mit den Werkstoffen Plexiglas und PVC. In einem neuen Arbeitszyklus entstehen objekthafte Bilder aus gefalteten und besprühten Plexiglasblättern, die «Geometrischen Variationen» (Abb. S. 34), und transparente Malerei, die durch Besprühen von Plexiglasplatten entstehen.

1970 beginnt Egger mit dem Bau von Skulpturen aus unterschiedlich farbigen Plexiglasplatten mit minimalistischem Charakter: «Spiral», «Bridge», «Pyramide» (Abb. S. 86 und 87). Diese Werkgruppe wurde in den folgenden Jahren in der Schweiz, in Frankreich, Jugoslawien und den USA ausgestellt.

In dieser Zeit des plastischen Arbeitens stellt Egger für den privaten Gebrauch auch Möbel, Tische, Hocker, Sessel und Schränke her, deren reduziertes geometrisches Design sich an den Grundformen orientiert.

Eggers Bilder der Autos und Flugzeuge werden in der Städtischen Galerie Kornhaus, Baden ausgestellt.

1971 Marc Eggers Mutter stirbt.

1972 ist Egger an der California University Hayward als Lehrbeauftragter für Malerei tätig.

Egger entdeckt in einem Geschäft für Industriebedarf farbige Rollen aus PVC-Weichplastik mit über einem Meter Breite, die er zu überdimensionalen Plastiktüten zusammenschweisst. In diese transparenten Hüllen füllt er die nach-leuchtenden Pigmente in unterschiedlichen Mengen. Eine neue Werkserie von wandbezogenen Objekten entsteht: «Phosphorescent Space» (Abb. S. 41).

Egger schafft ebenso Multiples aus Plexiglas. Das Wandmultiple «Fluorescent Space» wird in einer Edition von sechzig Stück von Sandro Bocola in der «Xart-collection» verlegt.

Bettina und Marc Egger besuchen das Dorf Horta de San Juan in Katalonien und kaufen dort ein leerstehendes Haus, das sie in der folgenden Zeit zu einem Wohnhaus mit Atelier als Sommersitz umbauen. Ihre erste Tochter Cora wird geboren. Viele Künstler folgen Egger nach Horta, und eine Künstlergemein-schaft bildet sich dort, die bis heute besteht. Mel Ramos, Sandro Bocola und Marcel Schaffner leben und arbeiten heute noch zeitweilig in Horta.

1974 zeigt Egger die Arbeit «Phosphorescent Space» (Abb. S. 41) in der Gale-rie Emmerich in New York und später, 1978, in der Fondation Nationale des Arts Graphiques et Plastiques in Paris.

In der Nähe des aragonesischen Dorfes Torre del Compte werden die Eggers auf den in Ruinen liegenden Gebäudekomplex einer sehr alten Olivenöl- und Mehlmühle aufmerksam: Molinos de las Cuevas. Sie kaufen das weitläufige Grundstück und restaurieren die Gebäude im Laufe der nächsten Jahre. Es ent-steht ein grosszügiger Wohn- und Arbeitskomplex mit Ateliers und Gästezim-mern.

1975 In den Räumen des Nova Forum in Zürich findet eine Retrospektive von Eggers Werk statt.
Bettina und Marc Egger beziehen mit ihrer Tochter Cora für ein halbes Jahr ein Loft in der Greenestreet in SoHo, dem historischen Viertel aus dem 19. Jahr-hundert (Cast Iron District), das wegen der grossen ehemaligen Fabriketagen, die sich als Ateliers vorzüglich eignen, zu einem internationalen Künstlerviertel geworden war.

1976 Im Sommer beginnen die ersten Kurse für kreatives Malen und Model-lieren in Molinos de las Cuevas mit Bettina Egger als Malleiterin und Marc Egger als Lehrer für Modellieren und keramisches Gestalten. Gäste aus aller Welt besuchen die Kurse.

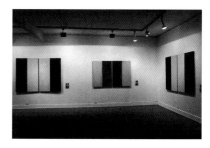

Ausstellung Galerie André Emmerich, Zürich, 1978

Atelier in Horta

Atelier in Molinos de las Cuevas

186

Tom Bacher (l) und Marc Egger
«In the Hamptons», Long Island,
1982

Atelier, Loft Broadway 515,
New York, 1982

Egger in New York, Loft Broadway
515, 1985

1976 Eggers Vater stirbt; das Elternhaus in Mühlehorn wird verkauft. Bettinas und Marcs Tochter Alma kommt zur Welt.

1977 Nach der Phase des plastischen Arbeitens wendet sich Egger wieder der Malerei zu und beginnt mit seiner abstrakten Serie der Farbuntersuchungen. 1978 werden diese Bilder in einer Einzelausstellung in der Galerie André Emmerich in Zürich gezeigt.

1979 Marc und Bettina Egger sind Zeugen der rasanten Entwicklung im Kunstbereich: Ungefähr fünfzig neue Galerien werden im East Village eröffnet. Es entfaltet sich eine lebendige Kreativszene um Kenny Scharf, Keith Haring, Jean Michel Basquiat, Steven Lack, Richard Hambleton, Judy Glanzman. Egger kauft für seine Sammlung Arbeiten von den Künstlern Luis Frangella, David Wojnarovicz und Keith Haring.
Den Eggers ist es möglich, eine ehemalige Fabriketage im fünften Stock des Hauses 515 am Broadway zu erwerben. Egger betätigt sich wieder als Baumeister und gestaltet das Loft zu einem Wohn- und Arbeitsbereich.
New York wird ständiger Wohnsitz der Familie für die nächsten acht Jahre.
Die Sommermonate verbringen sie in Molinos de las Cuevas.
1979 übergibt Egger einen Teil seiner Sammlung dem Kunsthaus Glarus als Leihgabe.

1980 lernt Egger die auch mit phosphoreszierenden Pigmenten malenden Künstler Tom Bacher und Anders Knutsson kennen.

Die Mitglieder der Sammlervereinigung Art Cake beauftragen Egger in New York und anderen Metropolen Arbeiten junger Künstler zu erwerben. Von 1980 bis 1997 kauft Egger ungefähr 150 Werke von zum Teil noch unbekannten jungen Malern und Bildhauern, die später im Lauf ihrer Entwicklung zu hochbezahlten Künstlern werden.

In einer Ausstellung des Kunstvereins Thun sind 1980 die Serie der Autos und Flugzeuge in einer Themenausstellung Pop-Art zu sehen. Fritz Billeter berichtet darüber im Tages-Anzeiger.

Ab 1980 arbeitet Egger wieder in einem ungegenständlichen und malerischen Stil: «Tundra», «Horta de San Juan», «Guggenheim» (Abb. S. 92, 94 und 96). In

«Spaceshuttle» (Abb. S. 45) und «Disaster in the Skies» (Abb. S. 45) zeigt sich Eggers Interesse an der Raumfahrt und Phänomenen des Alls, die in den folgenden Jahren immer wieder inspirierend auf sein Werk wirken.

1981 beginnt Egger mit der Geometrisierung seiner Bildkompositionen. Egger zielt in «Big Star», «Entrance I» und «Coto» (Abb. S.98, 100 und 102) auf die totale Veränderung zwischen Tagbild und Nachtbild.

1983 Im Auftrag eines New Yorker Hotels gestaltet Egger das grossformatige Mobile «Daidalos» (Abb. S. 106) und das Stabile «Ikaros» (Abb. S. 108), hergestellt aus geformten und bemalten Plexiglasstreifen. Er variiert in den folgenden Jahren dieses Thema aus der griechischen Mythologie.

1986 Mit dem Bild «Moonlight» (Abb. S. 12) beginnt eine romantisch gestimmte Phase in Eggers Malerei.

1987 unternimmt die Familie Egger eine weite Reise durch Ägypten, die sie durch das ganze Land führt. Im Mietauto fahren sie von Kairo über Memphis und Luxor bis Kom Ombo und wieder zurück nach Kairo. Neben den Museen in Kairo beeindrucken Egger vor allem die Grabkammern der Unas-Pyramide und die des Architekten der Pharaonin Hatschepsut, die geheimnisbeladene Pyramide von Meidum, die Orte Tell el-Amarna (Achet-Aton), Karnak und Edfu.

Die Serie «Reflektionen» entsteht, angeregt durch die Beobachtung des sich reflektierenden Lichts an den Wolkenkratzern New Yorks.
In den «Luminous Landscapes» (Abb. S. 160), ebenfalls von 1987, erschafft Egger kosmische Visionen. In den achtziger Jahren wird Eggers «Luministische Malerei» in vielen Ausstellungen in den USA und Europa gezeigt.
Das amerikanische Konsulat verweigert der Familie Egger das Aufenthaltsvisum und verändert dadurch erheblich ihren Lebens- und Arbeitsrhythmus, da sie sich nicht mehr gemeinsam in New York aufhalten können. Bettina Egger geht mit Tochter Alma nach Zürich zurück. Marc Egger zieht mit Tochter Cora nach Barcelona. 1989 wird die Ehe schliesslich geschieden. Alma Egger lebt heute in New York und arbeitet in verantwortlicher Position in der Sonnabend Gallery. Cora Egger studierte Keramik an der angesehenen Kunstschule Massana in Barcelona, lebt und arbeitet heute in Barcelona als selbstständige Keramikerin mit eigener Werkstatt und führt als Malleiterin ihr Atelier für «Begleitetes Malen».

Andrea Zurek und Marc Egger
vor Mohnfeld, 1990

Andrea Zurek und Marc Egger
in Sitges, 1994

Marc Eggers Haus in Sitges

**Ausstellung Kunsthaus Glarus,
Glarus/Schweiz, 1990**

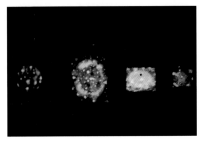

**Ausstellung Museum Juan Cabré,
Calaceite/Spanien 1997**

1988 Die freie Malweise der «Luminous Landscapes» wird abgelöst durch eine Reihe abstrahierender Arbeiten, die die spanische Landschaft um Horta thematisieren («View from Horta», «Camino a Lledó», Abb. S. 122 und 124).

1989 In der Zürcher Galerie Maurer wird der Horta-Zyklus ausgestellt.

1990 zeigt das Kunsthaus Glarus eine Retrospektivausstellung der Kunst Marc Eggers.
Marc Egger lernt Andrea Zurek kennen.

1991 Im Bildzyklus «Viaje Nocturno» (Abb. S. 130 und 131) gibt Egger nächtliches Naturerleben in Spanien malerisch wieder. Kennzeichnend für die Bilder sind ihre meditativen Inhalte.

1994/1995 entstehen die «Globes», eine plastische Umsetzung von Himmelskörpern aus bemalten Styroporkugeln in unterschiedlichen Grössen.

1994 Andrea Zurek und Marc Egger ziehen in den Badeort Sitges in der Nähe Barcelonas, der schon in der Vergangenheit von Malern (wie z.B. Santiago Rusiñol, Miguel Utrillo und Ramón Casas) geschätzt wurde und auch heute noch international bekannte Künstler anzieht.

1995 Egger beginnt mit dem Zyklus von Visionen des Alls, malerischen Meditationen, den «New Worlds» (Abb. S. 138, 139 und 140).

1996–1999 In diesen Jahren variiert Egger seinen vielschichtigen Werkzyklus «New Horizons» (Abb. S. 142, 144, 145 und 146).

1997 In der Retrospektive im Museum Juan Cabré in Calaceite/Spanien nehmen die Bilder mit kosmischen Motiven, wie z.B. «Adab Comos» und «Palmira Cosmos» (Abb. S. 134 und 135), einen bedeutenden Raum ein.

1998 reisen Marc Egger und Andrea Zurek von Thailand bis nach Japan durch den asiatischen Kontinent. Sie besuchen die jahrhundertealten Kulturstätten und die neuesten Galerien, die gleichermassen überraschende Schätze bieten. In Japan reisen sie von Tokio aus entlang der Tokaido-Sanyo-Strasse bis nach Nagasaki. Auf dem Weg machen sie Halt in den alten Kulturstädten Kyoto, Nara, Ise und Hagi. Sie begeistern sich besonders für die Zen-Gärten der Tempelanlagen von Ryoan-ji in Kyoto und die verschiedenen schintoistischen und buddhistischen Tempelanlagen in Nara.

2000 Um den Jahrtausendwechsel malt Marc Egger überwiegend sphärische Motive, Landschaftseindrücke und Kosmosvisionen.

2001 Das Museum der Provinzhauptstadt Huesca in Aragon präsentiert in seinen drei historischen Räumen mehr als sechzig Bilder und Skulpturen Eggers in einer umfassenden, mehrfach verlängerten Retrospektivausstellung.

Egger stellt in den Galerieräumen der ehemaligen Papierfabrik «Antigua Fabrica Noguera» in Beceite/Spanien speziell für diesen Ort gemalte Bilder auf Papier aus.

Marc Egger vor dem Museum von Huesca/Spanien, 2001

Marc Egger und Andrea Zurek bereisen wiederum die Welt; dieses Mal führt sie die Reise zum kulturellen Erbe der Maya, Mixteken und Tolteken in Mexiko, Guatemala und Honduras.

2003 Am 1. April erleidet Marc Egger in New York einen massiven Herzinfarkt. Die folgenden zwei krisenreichen Jahre stehen unter dem Zeichen der Rekonvaleszenz und werden in Spanien verbracht. Erst Ende 2004 kann Egger wieder anfangen zu arbeiten, wobei er sich vorerst auf Malarbeiten auf Papier beschränkt und an seine alten Motivzyklen wie die Imaginationen des Kosmos anknüpft.

Egger mit Reynaldo und Jody Terrazas, Mel und Leta Ramos (v.l.n.r.) in Molinos de las Cuevas, 2006

2006 verbringt Egger zum ersten Mal seit drei Jahren wieder einen Monat in New York.

Ergriffen von den intensiven Himmelsbeobachtungen während der Ruhezeit nach dem Infarkt malt Egger die Zyklen «Constellation», «Cluster», «Fragment» und «Outer Space» (Abb. S. 162, 170, 172 und 174).

2007 brechen Marc Egger und Andrea Zurek zu einer Kulturreise nach China auf. Sie reisen langsam, wie immer in selbst organisierter Tour von der traditionsreichen und zugleich ultramodernen Stadt Shanghai nach Südchina. Die Stationen sind u.a. die Garten- und Tempelstadt Suzhou, Guilin und Guangzhou.

Egger in seinem Atelier in Sitges, 2007

Andrea Zurek und Marc Egger am
Duxiu Feng (Berg der einzigartigen
Schönheit), Guilin/China, 2007

2009 Marc Egger vollendet am 24. Februar sein siebzigstes Lebensjahr. Er feiert im Kreis von Freunden und Künstlerkollegen in Sitges.

Am 6. März eröffnet das Museum Bickel in Walenstadt eine Retrospektivausstellung mit sechzig Bildern und sechs Skulpturen. Zu dieser Ausstellung kommen neben vielen Besuchern aus dem In- und Ausland auch Marc Eggers Lehrer Ernst Dudler und Kollegen aus der Schulzeit in Unterterzen. Es gibt ein grosses Wiedersehen.

Im Dezember findet eine Retrospektivausstellung in den Ausstellungsräumen Miramar in Sitges/Spanien statt.

Ausstellung Museum Bickel in Walenstadt, 2009

Andrea Zurek, geboren 1951 in Düsseldorf. Studium der Germanistik und Philosophie, Studium der freien Kunst und Lehramt an der Kunstakademie Düsseldorf in der Klasse von Joseph Beuys, Staatsexamina, Lehr- und Museumstätigkeit. Ausbildung zur Kunsttherapeutin am Institut für psychoanalytische Kunsttherapie Hannover (IPK) bei Elisabeth Wellendorf. Andrea Zurek lebt und arbeitet heute als freie Künstlerin und Kunsttherapeutin mit eigener Praxis in Sitges, Spanien.

Fritz Billeter, geboren 1929 in Zürich. Studium der Germanistik mit abschliessender Promotion an der Universität Basel. Unterricht an verschiedenen Mittelschulen. Von 1971 bis 1995 Kulturredaktor beim «Tages-Anzeiger», seit 1996 Arbeit als freier Publizist. Seit den Siebzigerjahren Veröffentlichungen von zahlreichen Monografien über Schweizer Künstler, beim Benteli Verlag z.B. über Peter Somm. Fritz Billeter hat während seiner journalistischen Tätigkeit Künstler und Kunstszenen intensiv kennengelernt und kritisch beobachtet.